불교 문화와 상식

만화 불교이야기 5
불교 문화와 상식

초판 1쇄 발행 | 2009년 10월 5일
초판 3쇄 발행 | 2018년 3월 12일

글 김정빈 | 그림 최병용
펴낸이 | 이동출
펴낸곳 | 도서출판 솔바람
등록 | 1989년 7월 4일(제5-191호)
주소 | 서울특별시 종로구 수송동 58번지 두산위브 파빌리온 1213호
전화 | (02)720-0824 전송 | (02)722-8760
홈페이지 | http://www.sol-baram.com 이메일 | sulpub@hananet.net
편집장 김용란 | 편집·디자인 오수영 손미영 | 마케팅 박기석
© 김정빈, 2007

값 9,600원
ISBN 978-89-85760-67-6 07220
　　　 978-89-85760-62-1(전5권)

・저자와의 협의에 따라 인지를 생략합니다.
・잘못된 책은 바꾸어 드립니다.

만화 불교이야기 5

불교 문화와 상식

김정빈 글 | 최병용 그림

솔바람

|프롤로그|
불교의 맛과 향기를 전한다

불교는 무엇일까?

지금도 많은 사람들이 불교를 만나고, 그때마다 불교에 대해 궁금하게 여긴다. 그러나 우리나라에 불교가 전래된 이래 국가 지정 문화재의 3분의 2를 창조해 냈고, 따라서 이제는 우리의 피와 살이 되다시피 한 불교에 대해 속시원히 의문을 풀어 주는 사람은 의외로 드물다.

간혹 불교에 대해 말해 주는 사람이 있다 해도 이번에는 너무 어렵다. 그렇지 않으면 '우물 안 개구리' 식이거나 '장님 코끼리 만지기' 식이어서 불교의 참모습과는 거리가 먼 경우가 많다. 이 때문에 불교를 알려다가 혼미의 늪에 빠져 의욕을 잃은 사람이 어디 한둘이었던가.

불교를 접한 지 23년. 나 또한 그 같은 고충을 겪은 뒤 최근에야 그 혼미의 늪을 겨우 빠져 나올 수 있었다. 그리고 늪에서 빠져 나와 보니

불교가 반드시 어려운 종교만은 아니었다. 그것이 어렵게 느껴지는 것은 부분으로 전체를 보거나, 하류로 상류를 의미짓거나, 선입견과 고정관념이라는 색안경을 꼈거나, 욕망과 무지에 의해 마음의 눈이 왜곡되고 굴절된 채 불교를 보기 때문일 뿐 불교 자체가 난해해서는 아니었다.

따라서 나는 가능한 한 근시·원시·난시·색맹은 물론 색안경까지 벗어 버리고 있는 그대로의 불교를 보려고 애썼다. 그 결과 나는 불교가 '군내 나는 종교'만은 아니라는 것을 알게 되었다. 아니, 도리어 불교는 매우 신선하고 아름다울 뿐 아니라 지극히 이성적이고 과학적이기까지 한 종교였다.

그 발견은 나에게 큰 기쁨을 주었고, 마침내 나는 감히 여기에 '불교라는 거대한 코끼리'를 독자들에게 소개하기에 이르렀다.

이 책을 통해 나는 나를 매혹시켰던 불교의 맛과 향기를 가능한 한 많이 담아 보려고 애썼다. 또한 그 맛과 향기가 나에게는 너무나 황홀했기에 그것을 보다 널리 전하고 싶은 마음에서 나는 만화라는 특수한 형식

    을 빌리기로 마음먹게 되었다.

    만화는 특성상 복잡한 것을 단순화할 필요가 있는 장르이다. 따라서 이 책이 어느 면에서는 불교의 심원한 뜻을 지나치게 단순화한 잘못을 범했을 수도 있다. 그러나 현자일수록 어려운 이치를 쉽고 단순하게 말하는 법이므로 단순화 자체가 문제될 것은 없으리라. 그러므로 이 책에 허물이 있다면 그것은 만화라는 형식의 잘못도, 단순화의 잘못도 아니고 아직껏 '현자의 단순성'에 도달하지 못한 나의 잘못이라 하겠다.

    이 몇 권의 책을 통해 독자들이 불교의 참다운 정신에 근접하게 된다면 더 이상 바랄 것이 없다.

    아울러 이 책을 펴내는 데 함께 애써 주신 최병용 선생님과 솔바람 가족들에 대한 고마움은 평생토록 남게 될 것이다.

2009년 9월
김정빈

차례

|프롤로그|
불교의 맛과 향기를 전한다

1 자랑스런 불교 유산
성철 스님의 입적 14
자랑스런 불교 유산 26
절로 가는 길 37

2 알고 하는 절 구경
사원의 유래 46
하늘 세계를 건너서 54
사물 - 범종 · 법고 · 운판 · 목어 64
석등과 연등 76
불제자의 그리움이 깃들인 집, 탑 85
여러 종류의 전과 각 94

3 들여다볼 수 없었던 스님들의 세계
명산마다 명찰이 있네 108
산사의 하루 116
사리의 신비 126
공덕을 회향하는 재 135

4 알아 두면 재미있는 불교 상식

도구 이야기 150
백팔 염주와 수도 156
탁발과 삭발염의 167
불교를 상징하는 것들 174
불상이 취하고 있는 인과 자세들 184

5 불교 예술의 세계

단청과 장엄화와 승무 198
월명사의 제망매가 207
고려·조선시대의 불교 문학 215
구운몽 228
현대 문학 속의 불교 242

6 이야기 속의 불교

인연·비유·본생 250
우물에 갇힌 나그네 259
원한으로는 원한을 풀 수 없나니 267
목숨의 무게 273
세계 불교 산책 281

① 자랑스런 불교 유산

성철 큰스님의 입적

1993년 11월 4일
해인사 퇴설당.

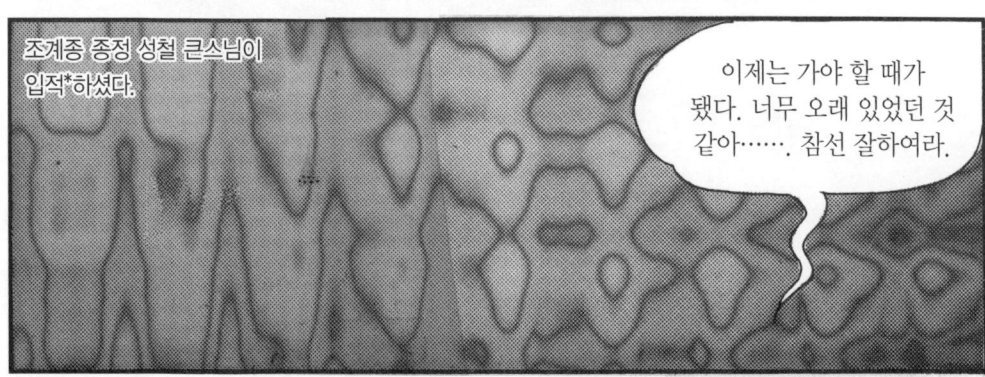

조계종 종정 성철 큰스님이 입적*하셨다.

이제는 가야 할 때가 됐다. 너무 오래 있었던 것 같아……. 참선 잘하여라.

* 입적 : 고승의 죽음.

그 날부터 해인사에는 추모 인파가 모여들었고
전 국민의 관심도 그쪽으로 쏠렸다.

밀어져도 큰산
불교계의 마지막 전설
생불 성철스님 자연 속으로...

선과 교에 두루 통달했던 성철 큰스님은
몇 가지 신화적인 족적을 남겼다.

8년 동안의 장좌불와*와 철조망을 치고
10년간 한 곳에 머물며 밖에 나가지 않고
정진한 일,

* 장좌불와(長坐不臥) : 눕지 않고 앉거나 서서만 수행함.

* 친견(親見) : 고승을 직접 뵙는 것.   ** 법어(法語) : 불도를 설교하는 말이나 글.
*** 관음(觀音) : 관세음보살.   **** 묘음(妙音) : 미묘한 소리, 즉 부처님의 말씀.

* 시회대중(詩會大衆) : 지금 여기에 모인 많은 사람들.

특히 불교계의 큰 명절인 4월 초파일이나 그 밖의 중요한 날에는 특유의 어법으로 법어를 내렸는데

맑은하늘 고요한 새벽에
황금빛 수탉이
소리높이
새해를 알리니..

천문만호*가 일시에 활짝 열리며

축복의 물결이 성난 파도처럼 집집마다 밀려듭니다

아버지 어머니 복 많이 받으십시오

앞집의 복동아
뒷집의 수남아
새해를 노래하세

* 천문만호(千門萬戶) : 천만 개의 많은 문.

이런 표현들은 너무나 생생하고 현대적이어서 불교 사상이 보수적이고 퇴영적이라는 생각을 불식시키기에 충분했다.

* 노담(老聃) : 노자(老子).

* 다비(茶毘) : 불교에서 화장(火葬)을 이르는 말.
** 만장(輓章) : 죽은 이를 애도하는 글을 명주나 종이에 적어 깃발로 만든 것.
*** 과 : 사리를 세는 수의 단위.

평생 동안 미친 남녀의 무리를 속여서
하늘을 넘치는 죄업은 수미산보다 크다.
산 채로 무간지옥에 떨어져
그 한이 만 갈래나 됨이여
둥근 한 수레바퀴 붉음을 내뿜으며
푸른 산에 걸렸도다.

성철 큰스님의 열반송*

* 열반송(涅槃頌) : 고승이 죽음에 임하여 남기는 시.

平生欺狂男女群 평생기광남녀군
彌天罪業過須彌 미천죄업과수미
活陷地獄恨萬端 활함지옥한만단
一輪吐紅掛碧山 일륜토홍괘벽산

자랑스런 불교 유산

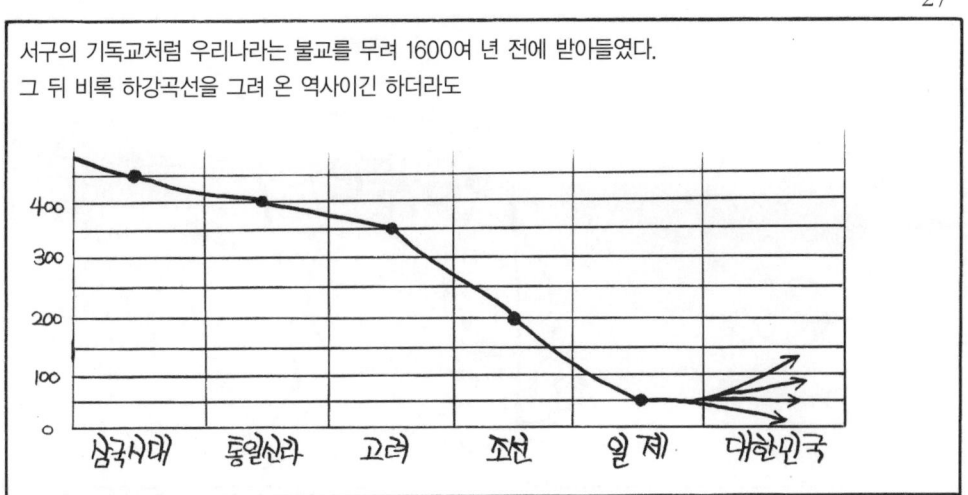

* 이판(理判)과 사판(事判) : 마음을 닦는 스님들을 이판, 절의 재산을 관리하며 행정을 보는 스님을 사판이라 함.

* 아수라(阿修羅) : 싸움을 좋아하는 귀신, 또는 그 귀신들의 세계.
** 아비규환(阿鼻叫喚) : 아비지옥과 규환지옥을 이르는 말. 참혹한 고통에서 살려달라고 울부짖는 상태.
*** 야단법석(野壇法席) : 야외에서 단을 차리고 불교의 진리를 논하는 자리. 당연히 소란할 수밖에 없다.

또한 과거 독재정권 시절에 널리 쓰였던 대중이라는 말도 실은 불교에서 나온 말이다.

심지어 현재 일부 기독교에서 쓰고 있는 장로라는 말도 불교 용어이고

더 나아가 전도**라는 말도 불교 용어라면 얼마나 놀랄 일인가?

* 사부대중 : 비구, 비구니, 남자 신도, 여자 신도를 총칭하는 말.
** 전도(傳道) : 깨달음의 길(道)을 전함.

묘향산 비로봉   오대산 비로봉   치악산 비로봉
팔공산 비로봉·향로봉   속리산 비로봉·천황봉
소백산 비로봉·도솔봉   설악산 천불산
북한산 보현봉… 등등

그 밖에도 전국의 명산 중 비로봉이라는 이름의 봉우리와 불교에서 유래한 지명은 수없이 많습니다. 특히 금강산에는 비로봉 이외에도 불교와 관련된 봉우리, 바위, 폭포, 고개, 전망대 등이 수두룩하죠.

이 책을 다 보시면 여기 나오는 용어들을 다 이해하게 됩니다. 그래야 금강산도 이해하게 되고요.

금강산 봉우리와 불교에 관련된 이름들

세존봉 : 세존은 부처님을 일컬음
관음봉 : 관음은 관세음보살
세지봉 : 세지는 대세지보살
천불산 : 천 부처님의 산
삼불암 : 세 부처님의 바위
발 봉 : 발은 스님들의 밥그릇
능인폭 : 능인은 부처님
불 암 : 부처 바위
백탑동 : 백 개의 탑 골짜기
극락현 : 극락 고개
연화담 : 연꽃 연못
법기봉 : 법은 불교의 진리. 법이 일어난 봉우리
촛대봉 : 촛대 모양의 봉우리
방광대 : 방광은 불보살님이 몸에서 빛을 내뿜는 것, 또는 그 빛
묘길상 : 부처님의 상서로움을 표현하는 말
지장봉 : 지장은 지장보살
미륵봉 : 미륵은 미륵부처님
칠보대 : 칠보는 불교(고대 인도)에서 꼽는 일곱 가지 보배
마하연 : 마하연은 대승을 뜻함
명경대 : 명경은 불교에서 마음을 상징함

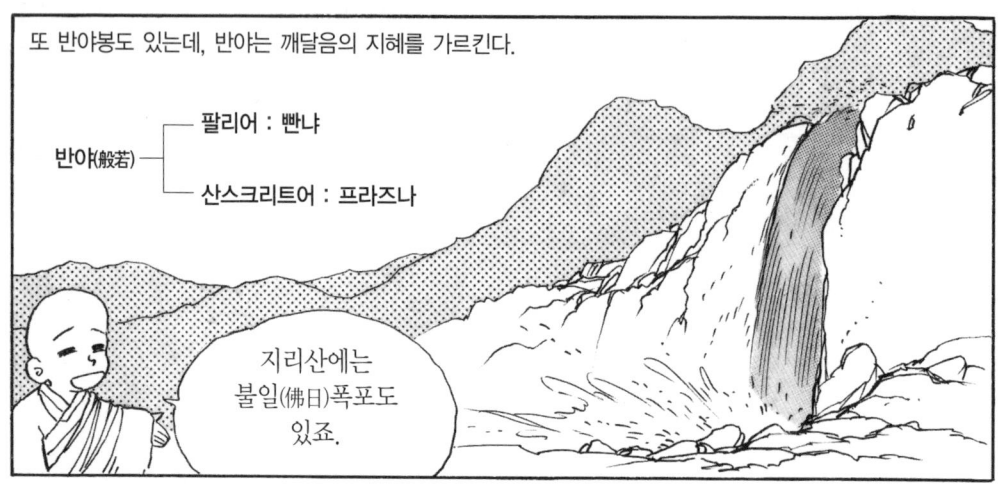

* 천왕(天王) : 불법을 보호하는 사대 천왕(四大天王).

절로 가는 길

산 좋고 물 좋은 금수강산 우리나라. 가는 곳마다 유서 깊은 사찰이 있다.

② 알고 하는 절 구경

사원의 유래

이렇게 시작된 사원은 불교가 퍼짐에 따라
점차 늘어나게 되었으며

모례(毛禮) → 털녜 → 덜녜 → 절녜 → 절

절은 보통 평지, 산지, 석굴 등
세 장소에 세워진다.

산지형 사원
(우리나라에 많음)

석굴형 사원
(중기 인도와 중국에 많음)

우리나라에 산지형 사원이 많은 까닭은
고대로부터 산에 대한 숭배의 염이
매우 짙었기 때문일 것이다.

사원은 사람이 사는
곳에서 너무 가깝지도 않고
너무 멀지도 않는 곳에
지을지니라.

그래야 음식을 탁발하기
쉽고 신자들도
쉽게 올 수가
있지요.

우린 그래도
산이 좋은데….

하늘 세계를 건너서

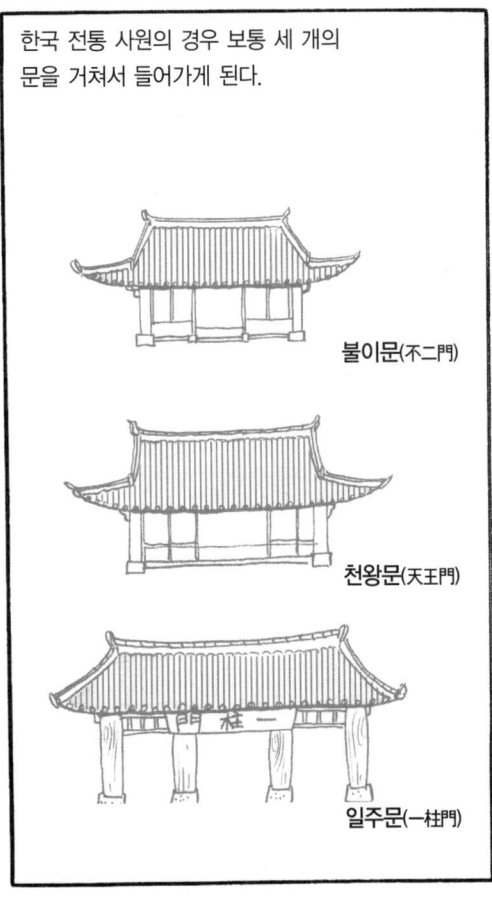

한국 전통 사원의 경우 보통 세 개의 문을 거쳐서 들어가게 된다.

불이문(不二門)

천왕문(天王門)

일주문(一柱門)

이 세 개의 문을 합쳐서 산문(山門)이라 하는데, 이 문들을 다 거치고서야 법당에 모셔진 부처님을 뵐 수가 있다.

무슨 불만이 있느뇨?

부처님, 이거 이래도 되는 겁니까? 너무해요, 너무해.

이렇게 불제자가 된 뒤에 만나는 두 번째 문이 천왕문인데
여기에는 불법을 보호하는 네 천왕이 배치되어 있다.

사천왕의 모습과 역할은 다음과 같다.

맡은 방위	이름	들고 있는 물건		피부색	얼굴 특징	서원
		오른손	왼손			
동	지국천왕	칼	주먹	청	다문 입	착한 이에게 복을 주고 악한 자에게 벌을 주리라
남	증장천왕	용	여의주	적	성난 눈	만물을 소생시키리라
서	광목천왕	삼지창	보탑	백	벌린 입	악한 자에게 고통을 주어 불법의 마음을 일으키게 하리라
북	다문천왕		비파	흑	치아를 보임	어리석음의 어둠 속에서 방황하는 중생을 인도하리라

* 도량(道場) : 불도를 닦는 곳.

야마천 위에는 도솔천과 화락천, 타화자재천이
있는데 이 셋을 앞의 셋과 합쳐서
욕계 육천(欲界六天)이라 한다.

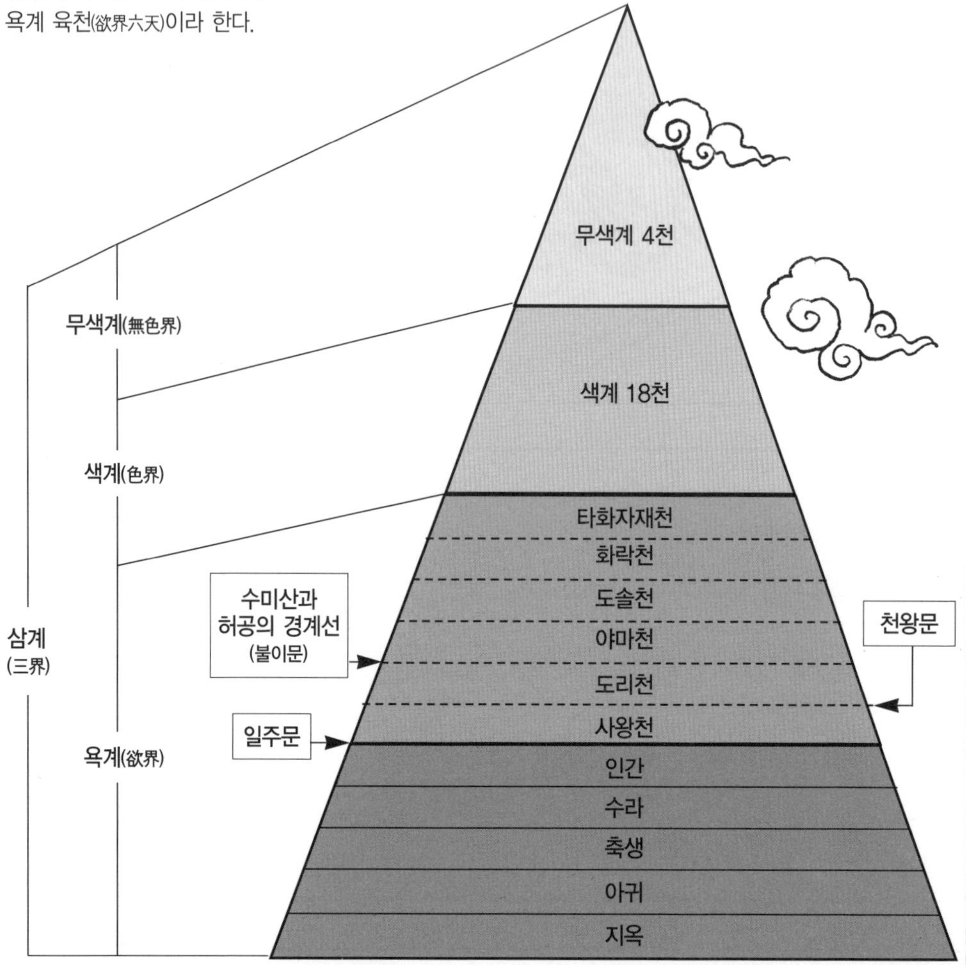

무색계 4천

무색계(無色界)

색계 18천

색계(色界)

삼계
(三界)

수미산과
허공의 경계선
(불이문)

타화자재천
화락천
도솔천
야마천
도리천
사왕천

천왕문

일주문

욕계(欲界)

인간
수라
축생
아귀
지옥

그러므로 불이문을 지나서 만나는 사원 안의
풍경은 수미산 위에 까마득하게 펼쳐진
드높은 차원의 풍경으로 볼 수 있다.

바로 위대하고도 위대하신 부처님이
계시는 곳, 곧 대웅전이 자리잡는 것이다.

사물—범종·법고·운판·목어

그런데 대웅전에서 부처님을 뵙기 전에
우리는 먼저 사물(四物)부터 만나게 된다.

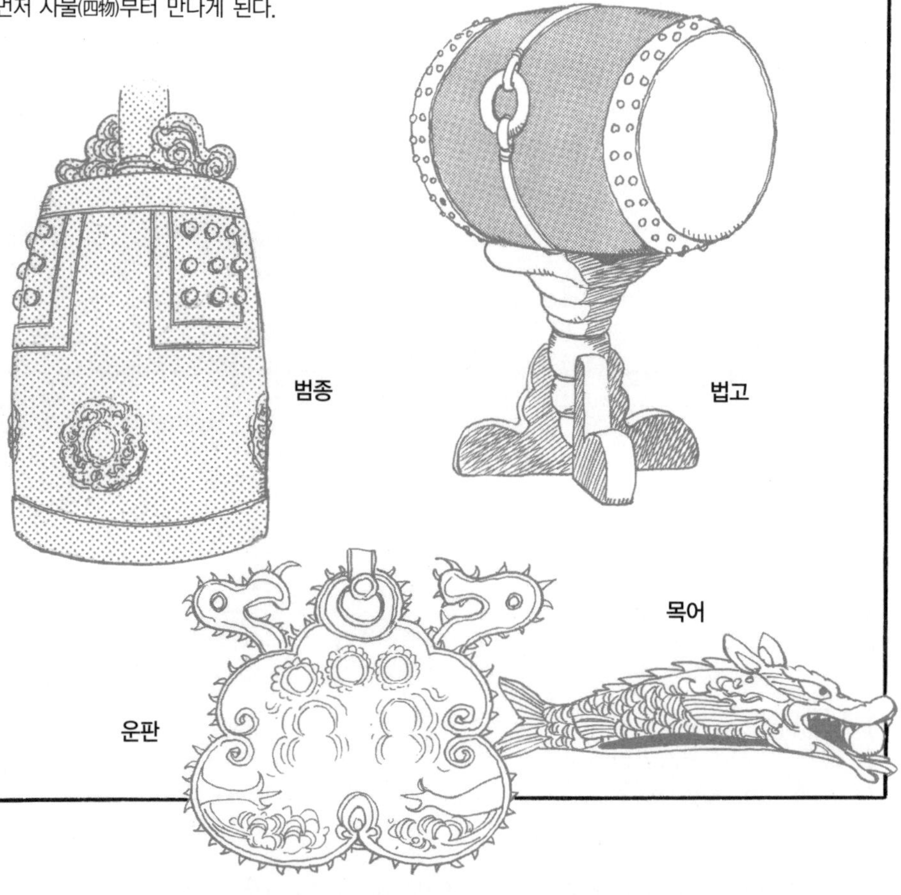

범종

법고

운판

목어

이 가운데 범종은 범종각에 있는 큰 종으로, 28천을 상징하여 하루에 28번씩 세 차례를 친다.

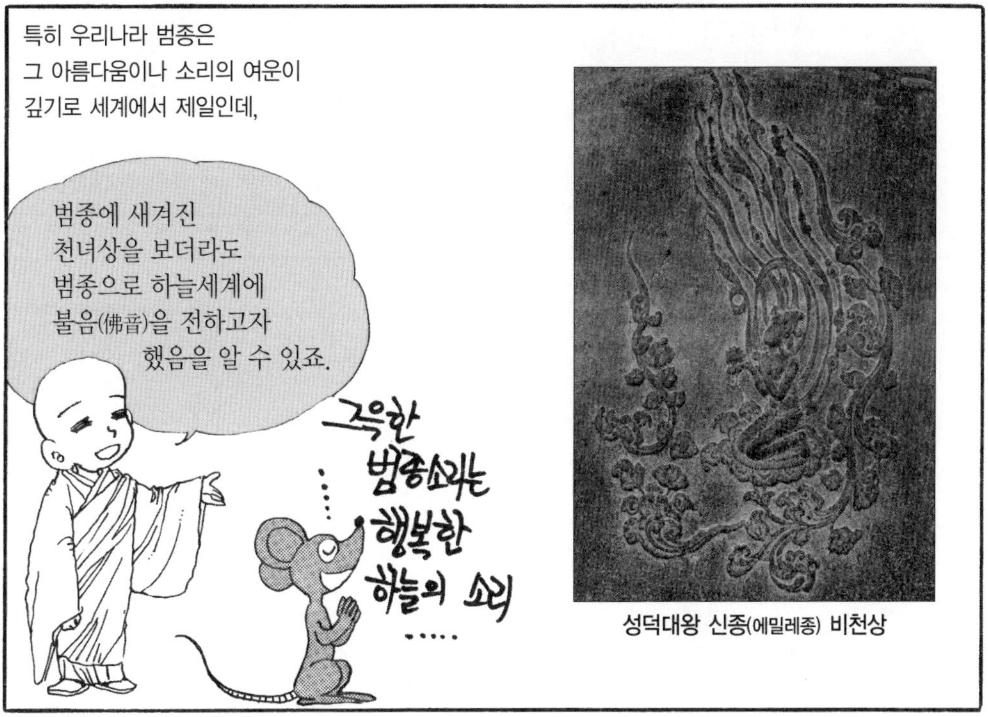

특히 우리나라 범종은 그 아름다움이나 소리의 여운이 깊기로 세계에서 제일인데,

범종에 새겨진 천녀상을 보더라도 범종으로 하늘세계에 불음(佛音)을 전하고자 했음을 알 수 있죠.

그윽한 범종소리는 행복한 하늘의 소리……

성덕대왕 신종(에밀레종) 비천상

이 불가사의한 신종을 만들 때 아기를 집어넣었다는 등의 전설이 생긴 것도 이 종의 신비로움을 더해 주는 대목이라 하겠다.

자비를 덕목으로 삼는 불교에서 어린아이를 끓는 쇳물에 집어넣는다는 건 지극히 역설적인 얘기 같지만 가없는 불심의 표현으로 더할 데 없다.

에밀레라....
에밀레라...

범종이 하늘세계에 불법을 호소하는 것이라면, 법고는 축생세계에 불법을 전하는 상징구로서

퉁 투웅 퉁퉁... 퉁투웅 퉁퉁......

우리도 들었으니 이담 생엔 인간으로 날 거다.

늬, 저 소리 듣노?

그랬으면 오죽 좋을꼬.

예불 시간에 나무로 된 두 개의 북채로 마음 심(心)자를 그리면서 두드린다.

* 수륙재(水陸齋) : 육지나 물에 사는 미물과 영가들을 좋은 곳으로 가서 나게 하는 의식.

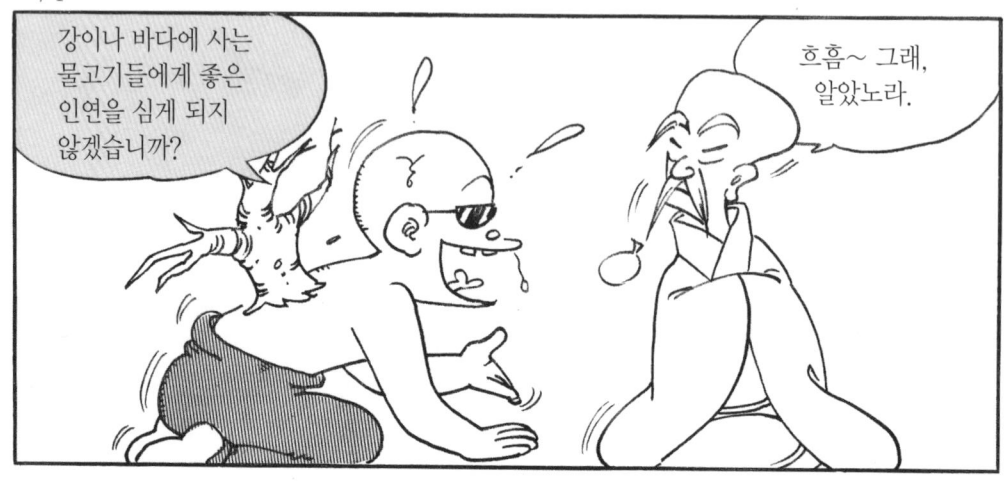

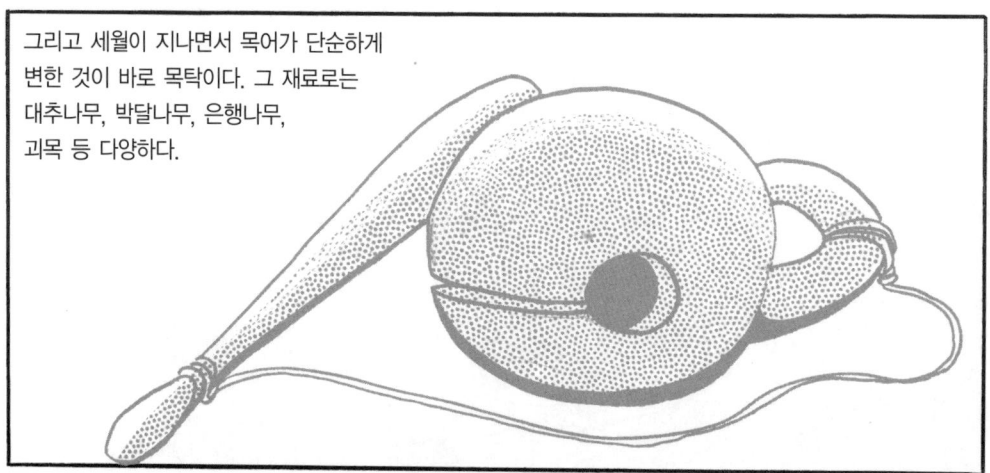

목탁은 주로 염불, 예배, 독경 때 쓰이는데

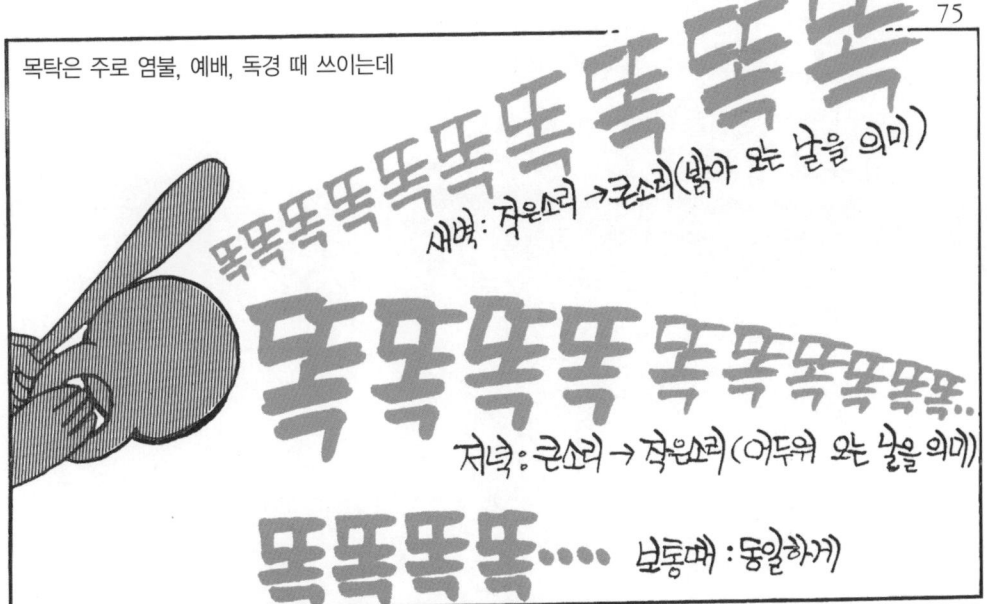

산사에서 듣는 목탁 소리의 청아함이야
어찌 세속의 음악에 비하겠는가!

석등과 연등

이제 우리는 범종각에서 은은하게 울려 퍼지는 천상의 주악을 들으며 장엄한 부처님의 세계에 들어서게 되었다. 그런데 이때 주의하지 않으면 놓치기 쉬운 작은 조형물이 하나 있는데 그것이 바로 석등이다.

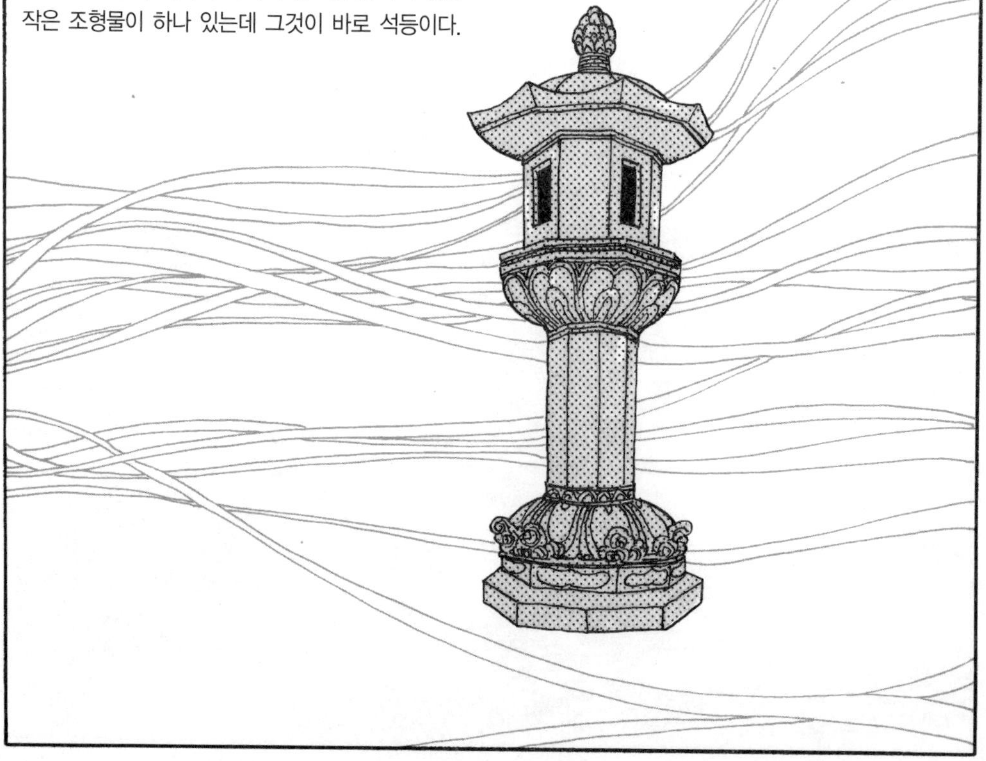

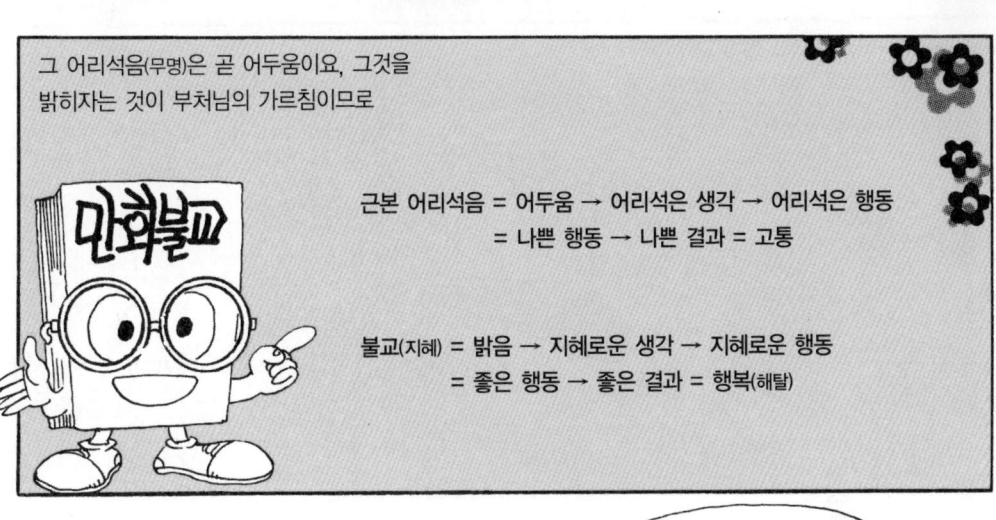

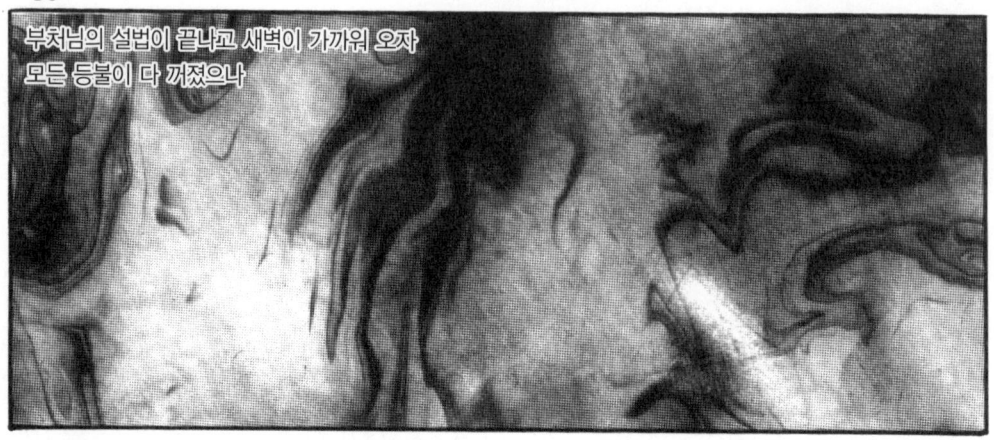

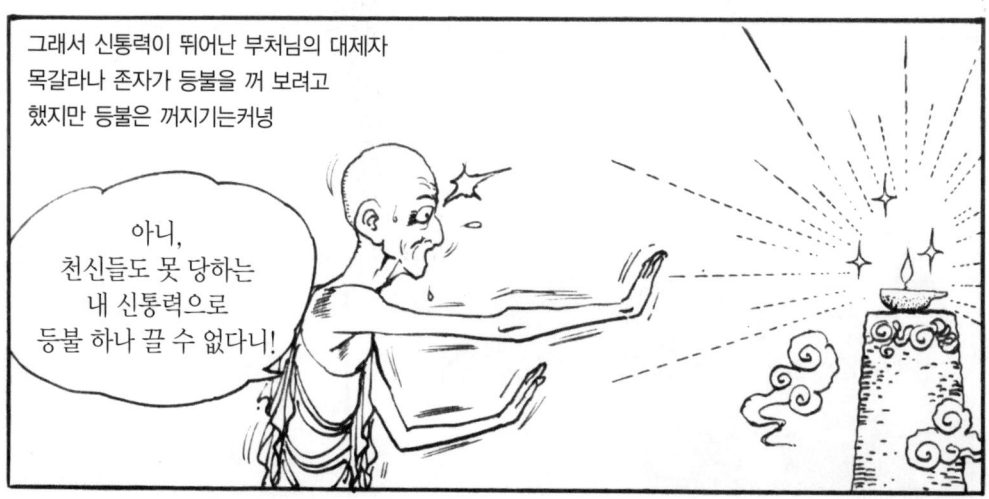

창이 네 개인 것은
사성제를 상징.

불교의 상징인
연꽃 상징.

지대석이 팔각인 것은
팔정도를 상징.

재미있는 것은 법주사에 있는 유명한 쌍사자 석등으로,
사자 하나는 입을 다물고 있고, 다른 한 사자는
입을 벌리고 있는데

사자는 불교의 가르침을
상징하죠. 부처님의 가르침을
사자의 부르짖음(사자후)이라고
하는데, 사자의 부르짖음에
모든 동물들이 굴복하듯이
부처님의 가르침도
그러하다는 의미지요.

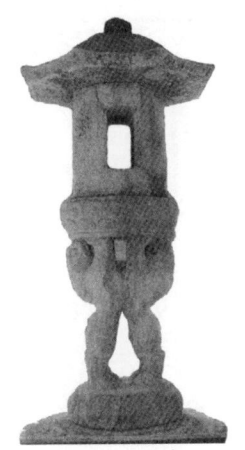

불제자의 그리움이 깃들인 집, 탑

사찰의 앞마당에 들어서면 보통 우뚝한 탑이 솟아 있게 마련이다.

국보 제40호 정혜사지 13층 석탑
(경주군 안강읍 소재)

* 반열반(般涅槃) : 성자의 죽음.
** 사캬무니 : 석가모니의 팔리어 표기. 석가족 출신의 성자라는 뜻.

물론 우리나라에도 안동 신세동 7층 전탑 등 탁월한 전탑도 있고

법주사 팔상전 등 우수한 목탑도 있지만

역시 우리나라 탑의 결정판은 석탑이다.

실상사 동서 3층 석탑

탑은 부처님을 모신 대웅전 앞에 같은 모양의 탑 두 개를 나란히 세우는 것이 표준형인데

쌍탑일금당의 정연한 배치는 통일신라 사찰의 모범이 되었죠.

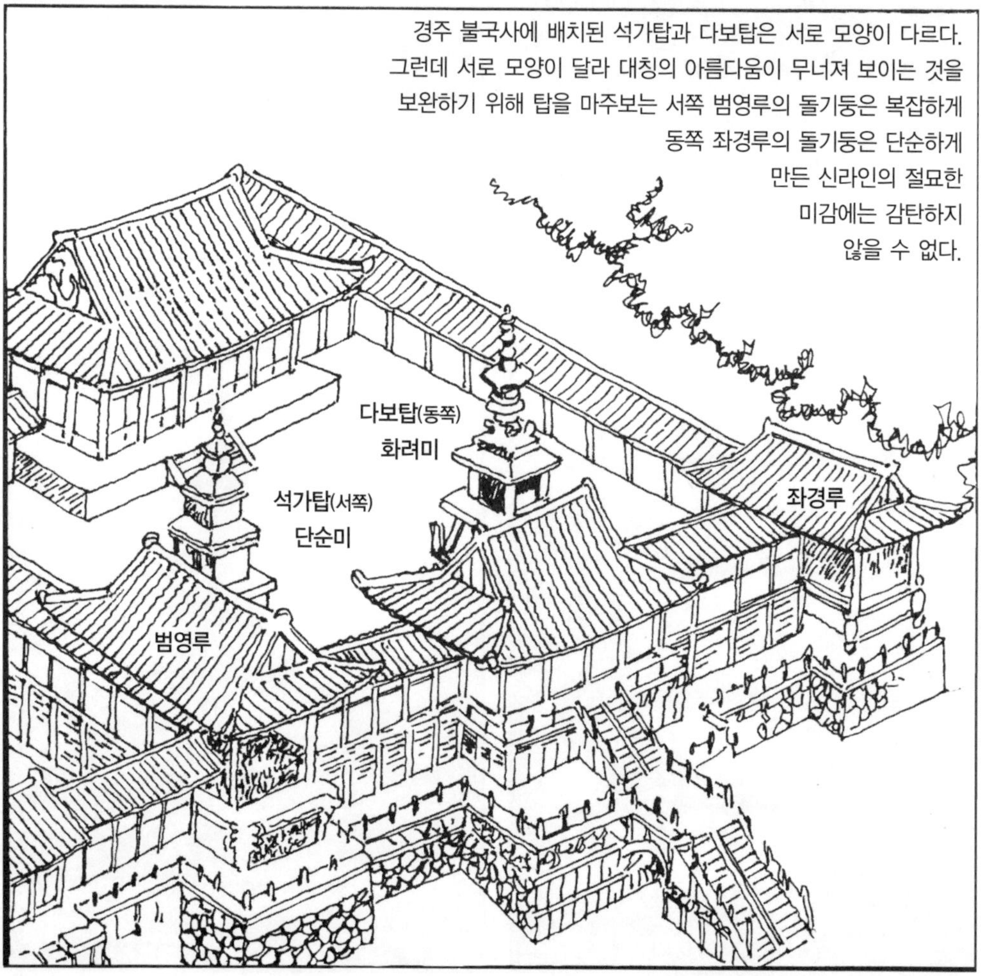

경주 불국사에 배치된 석가탑과 다보탑은 서로 모양이 다르다. 그런데 서로 모양이 달라 대칭의 아름다움이 무너져 보이는 것을 보완하기 위해 탑을 마주보는 서쪽 범영루의 돌기둥은 복잡하게 동쪽 좌경루의 돌기둥은 단순하게 만든 신라인의 절묘한 미감에는 감탄하지 않을 수 없다.

다보탑(동쪽) 화려미
석가탑(서쪽) 단순미
좌경루
범영루

여러 종류의 전과 각

자, 이제 사원에서 가장 중요한 대웅전을 살펴보기로 합시다.

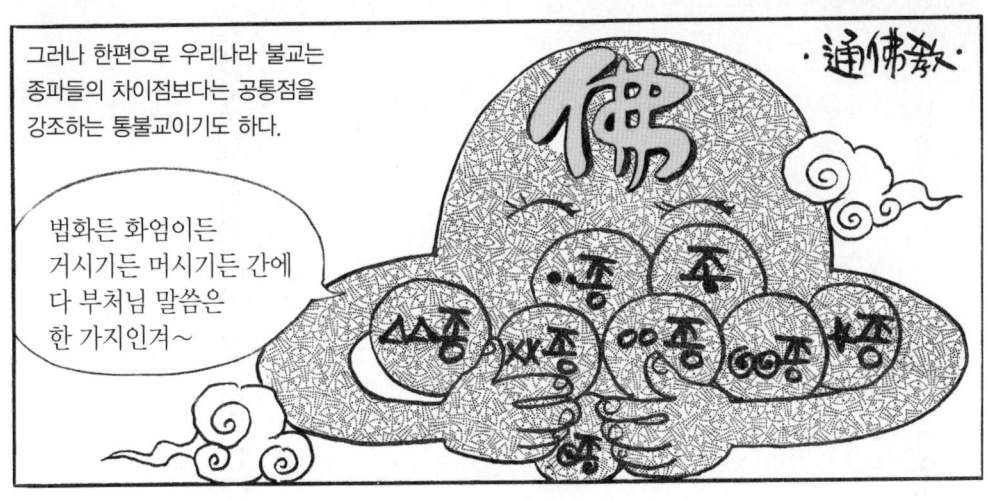

그런데 그 많은 전 중 표준이 되는 것은 대웅전으로 여기 대웅(大雄)이란 위대한 정신적 영웅, 즉 석가모니 부처님을 가리킨다.

전에 모신 부처님이 어떤 부처님인지는 보통 손 모양으로 구분되는데

석굴암에 모셔진 부처님이시죠.

위 부처님의 경우 항마촉지인을 하고 계시는 모습이니 석가모니 부처님입니다.

항마촉지인은 석가모니 부처님께서 깨달음을 성취하시기 직전 땅에 손을 대자 지신(地神)이 부처님의 위대했던 과거생을 증명해 주었고, 이에 마(魔)가 항복한 장면을 포착한 것입니다.

잘 살펴보세요. 오른손을 땅에 대고 계시죠?

한편, 대적광전에는 지권인을 하고 계신 비로자나 부처님을 모신다. 이 부처님은 화엄경의 주불(主佛)이시므로, 대적광전이 있으면 화엄사상과 연관이 있음을 알 수 있다.

대적광이란 크나큰 빛과 고요라는 뜻입니다. 깨달은 근본 자리는 모습이 없지만 구태여 설명한다면 빛과 고요, 바로 그것임을 말함이죠.

그 밖의 여러 전을 간단히 살펴보면 다음과 같습니다.

전의 이름	모신 부처님(보살)	근거한 경전
극락전 또는 미타전	아미타부처님	아미타경, 관무량수경
미륵전 또는 용화전	미륵부처님	여러 종류의 미륵경이 있음
관음전 또는 원통전	관세음보살	관음경(법화경의 보문품) 비화경 등
지장전 또는 명부전	지장보살	지장십륜경, 지장보살 본원경

우리나라의 미륵반가유상

석가모니불의 입멸 후 56억7천만 년 뒤에 부처님이 되실 미륵보살이 사유하는 모습이죠.

더 이상 설명이 필요 없는 관세음보살.

관세음보살 관세음보살

석굴암의 십이면 관음 보살

이상 열거한 전 이외에도 수많은 전과 각이 있다(각은 전보다 격이 낮음).

- ◆ **적멸보궁(寂滅寶宮)** : 일명 사리탑전(舍利塔殿). 석가모니부처님의 진신사리를 모신 곳. 이런 경우 대웅전을 짓되 불상을 모시는 자리를 비워 두는 게 상례이다. 진신사리가 곧 부처님을 의미하기 때문이다.
- ◆ **영산전(靈山殿)** : 석가모니 부처님께서 영취산(인도에 있는 독수리봉)에서 설법하신 장면을 그린 전
- ◆ **나한전(羅漢殿)** : 석가모니 부처님의 대제자(아라한 또는 나한)를 부처님과 함께 모신 전
- ◆ **약사전(藥師殿)** : 병든 중생을 해탈시켜 주시는 약사 여래를 모신 전
- ◆ **천불전(千佛殿)** : 현대 시방*세계에 계시는 부처님 천 분을 모신 전
- ◆ **대장전(大藏殿)** : 부처님 대신 경전(대장경)을 모신 전
- ◆ **조사전(祖師殿)** : 옛 큰스님을 모신 전
- ◆ **산신각(山神閣)** : 호랑이를 거느린 산신을 모신 집으로, 우리의 민족 신앙을 수용하여 지은 것이다. 격을 낮춰 각으로 부르며, 보통 대웅전 뒤편 구석진 곳에 있다.
- ◆ **칠성각(七星閣)** : 수명을 관장한다는 칠성을 7여래(七如來)로 탈바꿈시켜 모신 집. 역시 민간신앙의 수용이다.
- ◆ **독성각(獨聖閣)** : 말세 중생에게 복을 준다는 나반(那般) 존자를 모신 집
- ◆ **삼성각(三聖閣)** : 산신, 칠성**, 나반 존자를 함께 모신 집
- ◆ **용왕각(龍王閣)** : 용왕을 모신 집

"이렇게 복잡해지자 만해 한용운 스님께서는 이렇게 외치셨다."

"어차피 모든 것이 한 곳에서 나온 것이니 석가모니 부처님만 모시고 모두 없애 버리자."

"하긴 중생을 위해 펼친 사상이라지만 이제 중생을 위해 하나로 뭉뚱그릴 때가 된 것도 같데이."

* **시방(十方)** : 8방과 상하를 합친 10방위. 우주공간 전부를 가리킴.
** **칠성(七星)** : 북두칠성. 우리 조상들은 칠성을 신성시하였다.

한편 부처님을 한 분만 모시기도 하고, 여러분을 함께 모시기도 하며

금산사 대적광전에 모셨던 5불과 6보살

| 대세보살 | 아미타불 | 관음보살 | 석가모니불 | 문수보살 | 비로자나불 | 보현보살 | 노사나불 | 일광보살 | 약사여래불 | 월광보살 |

또 부처님을 한 분만 모시더라도 양 옆에 부처님을 모시는 보살*이나 제자를 두기도 하는데

석가모니부처님의 경우 문수, 보현 두 보살 또는 가섭, 아난 두 제자가 협시하게 된다.

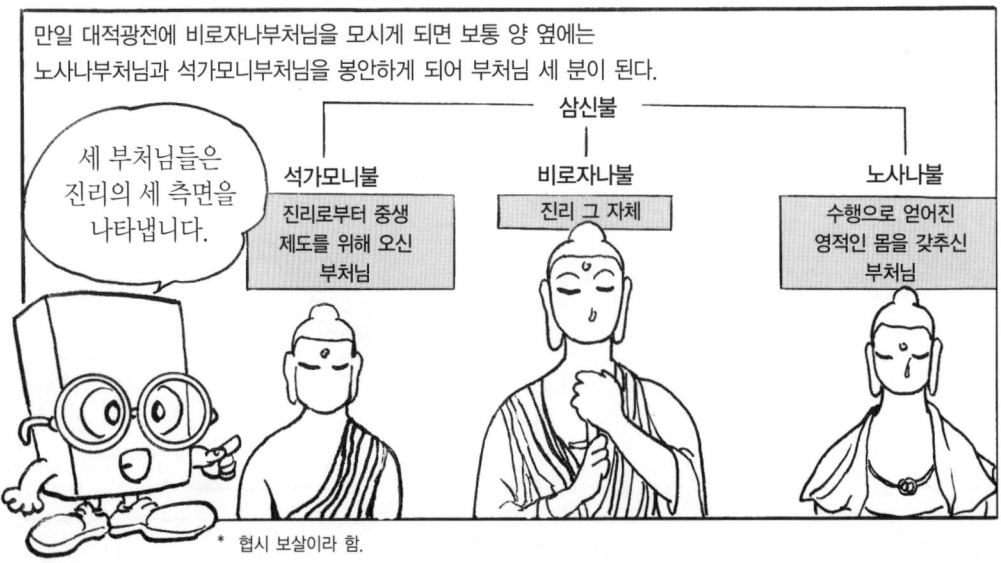

만일 대적광전에 비로자나부처님을 모시게 되면 보통 양 옆에는 노사나부처님과 석가모니부처님을 봉안하게 되어 부처님 세 분이 된다.

세 부처님들은 진리의 세 측면을 나타냅니다.

삼신불

석가모니불	비로자나불	노사나불
진리로부터 중생 제도를 위해 오신 부처님	진리 그 자체	수행으로 얻어진 영적인 몸을 갖추신 부처님

* 협시 보살이라 함.

한편 불상 뒤편에도 그 부처님과 가르침에 알맞은
그림이 그려지는데 이를 탱화라고 한다.

이를 알기 쉽게 정리하면 다음과 같다.

전각 이름	전각의 다른 이름	본존	좌우 협시	후불탱화
적멸보궁	사리탑전	진신사리	가섭, 아난 / 문수보살, 보현보살	영산회상도 3여래탱화
대웅전	대웅보전	석가모니불	가섭, 아난 / 문수보살, 보현보살	영산회상도 3여래탱화
대적광전	비로전, 대광명전	비로자나불, 노사나불, 석가모니불		삼신불탱화, 화엄탱화
극락전	무량수전, 미타전	아미타불	관세음보살, 대세지보살	아미타삼존 탱화, 극락구품도, 극락 회상도
용화전	미륵전	미륵불 (미륵보살)	일광보살, 월광보살	용화회상도, 미륵탱화
응진전	나한전	석가모니불	가섭, 아난, 16나한	석가삼존탱화, 16나한도
원통전	관음전, 보타전	관세음보살	남순동자, 해상용왕	관음탱화, 천수관음, 42수관음
명부전	지장전, 시왕전	지장보살	도명존자, 무독귀왕, 시왕 등	지장탱화, 시왕탱화

법당 내부 중앙면이 이처럼 부처님의 공간으로 모두 꾸며지고 나면 양 측면에는 신중탱화가 모셔진다.

신중은 불법을 보호하고 찬탄하는 신들로서, 화엄경에 많이 보이므로 화엄신중이라고 부릅니다.

이렇게 부처님 앞에서 물러나 밖으로 나오면 처마 끝에 달린 풍경이 명랑한 소리로 우리를 반길 것입니다.

쨍그렁   쨍그렁

명필들의 글씨 감상

해남 대흥사에서 볼 수 있는 두 명필의 글씨. 좌측은 원교 이광사, 우측은 추사 김정희의 글씨이다.

절 구경에서 빼놓을 수 없는 것 하나가 당시 명필 대가들의 뛰어난 솜씨이다. 일주문에 걸린 사찰 현판, 대웅전을 비롯한 전과 각들의 현판을 비롯해서 여기저기에 달필, 웅필(雄筆), 신필(神筆)이 즐비하게 마련된 곳이 절이다.

특히 명필들의 솜씨가 빛나던 곳이 법당의 기둥인데, 보통 칠언(七言)으로 된 법구(法句)가 판각되어 걸려 있다. 그러나 대부분이 행서(行書)나 초서(草書)여서 웬만한 한문 해득 실력자도 전부 읽어 내기가 어려운 것이 흠이다. 더군다나 설사 글자는 읽을 수 있다 해도 그 뜻까지 아는 사람은 드문 형편이다. 여기에 주련(柱聯)으로 흔히 쓰이는 법구 하나를 소개해 본다.

        불신보변시방중(佛身普遍十方中)
        삼세여래일체동(三世如來一切同)
        광대원운항부진(廣大願雲恒不盡)
        왕양각해묘난궁(汪洋覺海渺難窮)

        부처님 몸 두루하니 시방세계 충만하여
        과현미래* 부처님도 또한 이와 같을세라.
        넓고 크온 원력** 구름 항상하여 다함 없고
        가없는 여래*** 경계**** 짐작조차 어렵도다.

---

* 과현미래(過現未來) : 과거, 현재, 미래. 이를 삼세(三世)라 한다.
** 원력(願力) : 중생의 소원이 자기 이익에 치우쳐 있는 데 비해 부처님과 보살님들의 원력은 중생에게 이익을 주려는 이타(利他) 정신으로 충만해 있다.
*** 여래(如來) : 부처님. 진리로부터 오신 분이라는 뜻.
**** 경계(境界) : 이 경우에는 경지(境地)라는 뜻으로 이해하면 좋다.

③ 들여다볼 수 없었던 스님들의 세계

명산마다 명찰이 있네

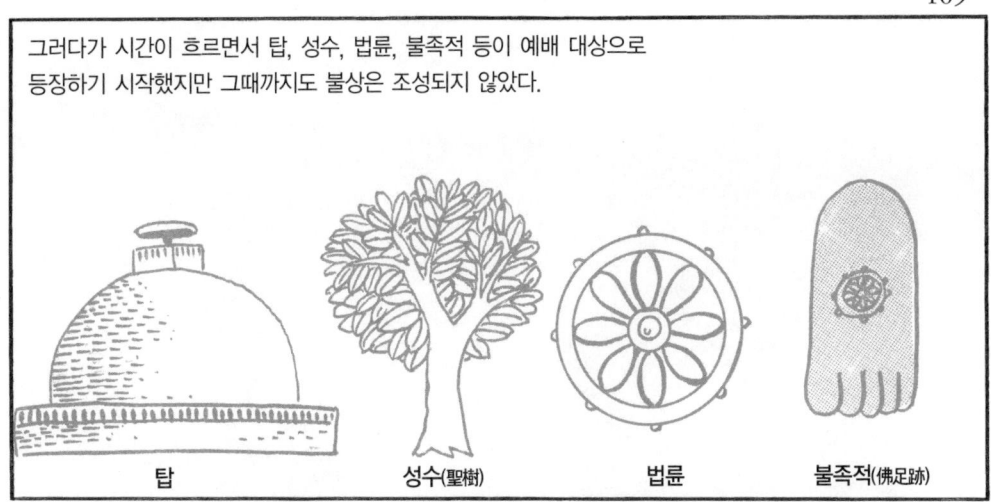

시간이 더 흐르자 마침내 부처님은 그림이나 부조에서
빠져 나와 불상이 되어 모셔지기에 이르렀다.

간다라 양식

마투라 양식

이처럼 형상 없음으로부터 형상 있음으로,
소박·단순으로부터 복잡·화려함으로
바뀌어 온 것이 어디 불교뿐이랴.
그리하여 수행과 해탈이 본령이었던
불교는 건축, 미술, 음악, 문학, 민속
등과 연관되어 거대한 문화 체계를
형성해 나갔고

고대 인도 불교 미술

그것이 우리나라에 이르러 더욱더
심화되고 승화되었던 것이다.

미륵반가사유상

그 가운데에서도 신라의 황룡사는 기록상으로 보아 우리나라 최고,
최대의 불교 예술품이었건만 모두 소실되고 말았다.

황룡사 연혁
569년 1차 완성
579년 장륙존상 완성(16자 높이의 불상. 신라 3보의 하나)
645년 9층 목탑을 세우면 불법의 힘에 의해 신라가 주변 아홉 개 나라의
       침략으로부터 보호받을 수 있다는 자장 율사의 제안에 따라
       9층 목탑이 완성됨. 탑의 높이는 약 80미터이며 백제 석공
       아비지가 건축을 지휘하였다. 탑 안에는 자장 율사가 중국에서
       가지고 온 부처님의 머리뼈, 치아, 가사, 사리 100과를 셋으로
       나누어 그 중 하나를 모셨다.(2차 완성)
754년 49만여 근의 구리로 동종을 만듦(에밀레종은 12만 근).
1238년 몽고 병란으로 불탐.
1976년~1983년 발굴 조사 유물 4만 점 출토. 담장이 동서 288미터,
       남북 281미터임이 확인됨. 목탑지는 바닥에서부터 사람 머리
       크기의 냇돌을 한 번 깔고 그 위에 진흙을 덮고 다지는 방식으로
       28겹이나 반복하여 기초를 다진 것이 확인됨.

오~ 부처님!
이 또한 몽고군에 의해
불타 버렸사오니 송구스럽기
그지없나이다.

그러나 아쉬우나마 지금까지 남아 있는 옛 절들의 품위와 깊이만으로도 우리는 우리 조상들의 불심을 어느 정도 읽을 수 있다.

전남 승주군에 있는 송광사 전경

그렇게 수없이 불탄 뒤에 남아 있는 절만으로도 한국의 명찰은 일일이 손꼽기가 벅찰 정도로 많다.

전등사	통도사	수덕사	월정사	상원사	김용사
신륵사	백련사	운문사	금산사	법주사	직지사
해인사	선암사	용주사	동화사	범어사	낙산사
부석사	봉은사	청암사	화엄사	봉선사	태종사
쌍계사	마곡사	칠장사	보광사	운주사	신흥사
표충사	보림사	청룡사	은해사	대흥사	법화사
선운사	개심사	홍국사	장봉사	용화사	석남사
봉원사	광덕사	백양사	옥천사	증실사	기림사
송광사	경국사	화계사	용연사	태안사	각연사
고운사	자재암	무위사	마황사	불국사	실상사
갑 사	도피안사	등등			

여기 적힌 절 말고도 아직도 수없이 많아요. 북한에 있는 건 빼고도 말예요.

우리나라 산마다 명찰이요, 골마다 마애불*이다. 어디 한곳 불교의 향기가 나지 않는 곳이 없다.

봉화골 칠불암

* 마애불 : 바위 벽에 조각된 불상.

그 가운데서 우리나라의 대표 사찰로는
흔히 삼보 종찰이 꼽히고 있으므로 알아보자.

삼보 종찰 ─┬─ 불보 종찰 : 통도사(경남 양산군 영취산에 위치). 부처님의 가사와
　　　　　│　　　　　　　진신사리가 모셔져 있으므로 불보(부처님)를 대표
　　　　　│
　　　　　├─ 법보 종찰 : 해인사(경남 합천군 가야산에 위치).
　　　　　│　　　　　　　팔만대장경판을 모시고 있으므로 법보를 대표
　　　　　│
　　　　　└─ 승보 종찰 : 송광사(전남 승주군 조계산에 위치). 고려시대에
　　　　　　　　　　　　　국사(國師)를 16분이나 배출하였으므로
　　　　　　　　　　　　　승보(스님들)를 대표

삼보란 세 가지 보배라는 뜻으로, 불교에서 존중되는 부처님(佛)과 가르침(法), 스님들(僧)을 가리킵니다.

산사의 하루

스님이 되면 우선 부모, 형제, 친지 등 세속적인 모든 인연을 떠나 머리를 깎고 회색 옷을 입은 채 독신자로 살아가게 되는데

남자스님	여자스님	남	여
비구	비구니	사미 20세 미만의 예비 비구	사미니 20세 미만의 예비 비구니

우리나라에서는 정식으로 스님이 되기 전에 보통 6개월에서 1년 동안 입문 과정을 거치게 되고

이때는 행자라고 불리며 속인 옷을 입은 채로 사원 내에서 궂은 일을 하게 됩니다.

이 기간에 은사 스님으로부터 여러 가지 사원 규칙을 배우고 예불하는 법을 배우는 등 최소한의 공부가 끝나면 종단이 마련한 장소에 모여 계를 받고 스님이 된다.

이를 '연비' 라 하는데, 여기서 '능지' 라 말함은 '예, 지키겠습니다' 라는 뜻이죠.

능히 계를 지키겠느냐?

능지!

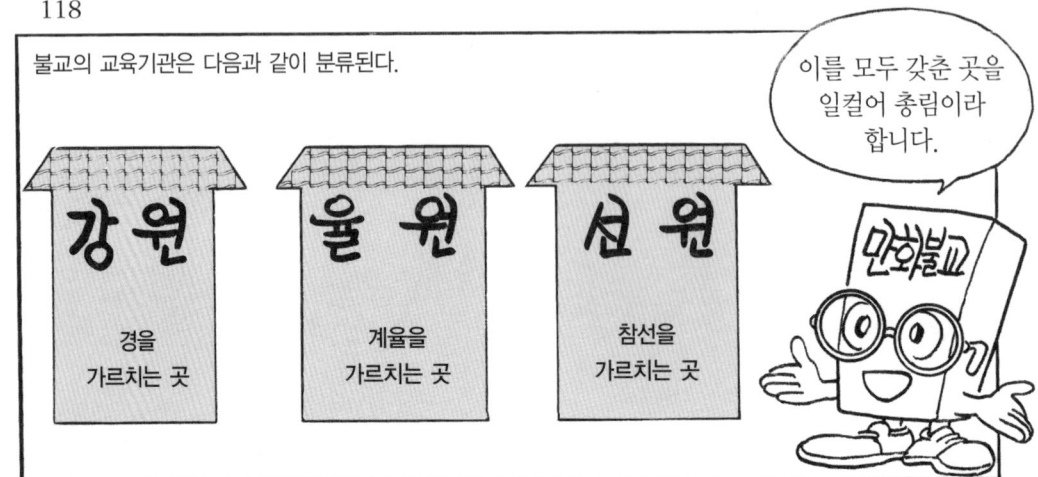

특히 종단의 최고 지도자인 종정이나 대선사, 대종사로 존경받으려면 대교과를 마친 후 선원에서 20안거 이상 수행하여야 한다.

여름 석 달간 참선에만 전념하는 것을 안거라고 하지요.

또한 스님들에게도 각자 소임이 있는데 다음과 같습니다.

총림 또는 선원

방장 또는 조실 : 방장은 총림의 최고 통솔자, 조실은 선원의 최고 통솔자. 수행력이 높은 큰스님이 맡으며 최고의 권위를 갖는다.

선덕 : 선을 수행하는 스님들

열중 또는 입승 : 학생회장 격의 스님

찰중 : 스님들의 잘못을 살펴 바로잡는 임무를 맡음

병법 : 의식 집전

다각 : 차를 준비

종두 : 종을 치는 역할

미두 : 양곡의 출납

별좌 : 취사장의 감독

공사 또는 공양주 : 밥 짓는 일

채두 : 반찬을 만드는 일

갱두 : 국을 끓이는 일

부목 : 땔나무 마련하고 불지피는 일

강원
- 증명 : 총 고문 격
- 원장 : 행정 책임자
- 강주 : 교수 격
- 중강 : 부교수, 또는 조교수 격
- 설양 : 책상 및 의자 정리
- 삭발 : 머리를 깎아 주는 일

일반 사찰
- 주지 : 사찰 운영을 총 책임짐
- 재무 : 재산의 관리
- 교육 : 교육 담당
- 총무 : 일반 행정 담당

어휴~! 복잡한 속세를 벗어났다 했더니 여기에도 있을 건 다 있네.

그러나 이 모든 직책이 수직 관계라기보다는 수평 관계죠.

그렇다면 여기서 잠시 스님들의 하루 생활을 추적해 보기로 하자. 새벽 3시경이 되면 밤 동안 적막했던 산사에 맑은 목탁 소리가 울려 퍼지고

똑 똑 똑 똑

목탁 소리에 조용히 잠을 깬 스님들은
법당에 올라가는데, 그때 법당의
작은 종이 울리며 염불이 시작된다.

원종성 번뇌~단

이 종소리 듣고
번뇌가 끊기며..

이어서 범종, 법고, 목어, 운판이 차례로
울린 후 모든 스님들은 법당에 앉아
무심의 삼매에 젖게 된다.

조......용...

나도
조요옹….

이윽고 스님 한 분이 부처님과 가르침과
스님들께(삼보) 차를 올린다는 게송을 읊고

이윽고 장중한 합동 염불이 시작된다.

이어서 서원을 비는 발원이 있고
신중단을 향해 반야심경을 외면
아침 예불이 모두 끝나게 된다.

저녁 예불을 마치면 산사의 밤은
점점 깊어만 간다.

따악 따악 따악

선방 스님들이
참선 끝내는 죽비 소리가
들리는 거 보니
밤 열 시인가봐.

사리의 신비

이렇게 한평생을 부처님을 모시고
공부하고 수도하며 살아가는
스님들이 때가 되어 삶을 마치면

生也一片浮雲起
死也一片浮雲滅

삶이란 한 조각 구름이 일어남이요
죽음은 한 조각 구름이 멸하는 것

지나치게 슬퍼하지 않고 담담하고 조용하게
그분을 보내 드리는 것이 불가의 전통이다.

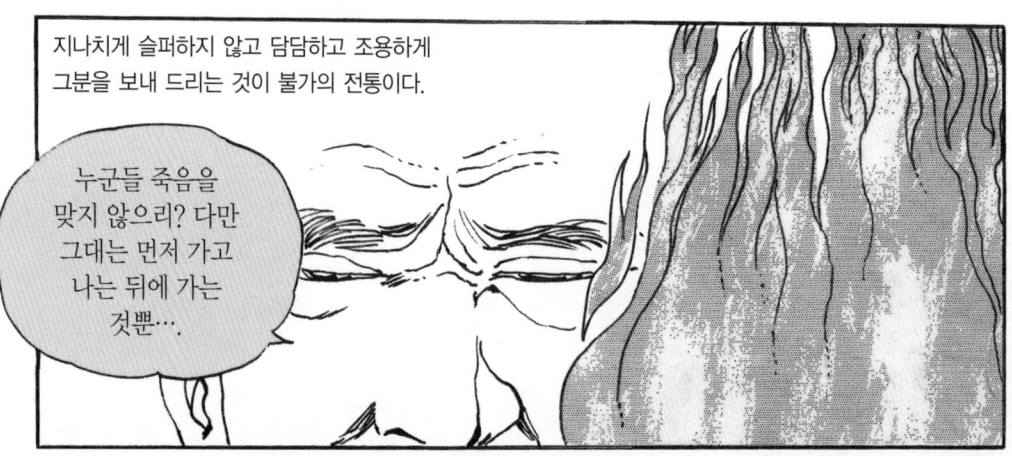

누군들 죽음을 맞지 않으리? 다만 그대는 먼저 가고 나는 뒤에 가는 것뿐….

어찌 됐든 몸과 마음의 집착을 떨쳐 버리려는 것이 불제자의 기본 자세여서 불교에서는 시신을 다비하게 된다.

화장을 해서 흔적도 없이 깨끗이 보내 드린다는 말씀이죠.

다비는 환경 보존 측면에서도 매우 바람직한 제도입니다.

특히 돌아가신 분이 원로 스님일 경우에는 매우 큰 규모로 다비가 진행된다.

나무아미 타불
관세음 보살
나무아미 타불
관세음 보살

다비가 끝난 후에 유골을 수습하기도 하는데, 그때 수습된 유골을 사리라고 부른다.

사리는 대개 영롱한 구슬 모양이지만 그 밖에도 여러 형태가 있고 색깔도 다양하죠.

성철 스님이 남기신 사리들

구슬 모양 속에 구슬 모양이 겹겹이 있는 사리, 큰 뼈 안에 석류알처럼 수천 개의 구슬 모양이 엉겨 붙은 사리, 직경이 1밀리미터 정도 되는 영롱한 사리, 수천 개의 사리, 호박 빛이 나는 둥글넓적한 사리, 살아 있을 때 입 속에서 나오는 사리, 스스로 쪼개진 후 둥근 모양으로 점점 자라서 완전한 두 개로 증식하는 사리, 물 속에 넣으면 바닥에 닿지 않고 물방울 위에 얹혀 있는 사리 등

놀랍고 기이하고 아름답고 황홀한 수많은 종류의 사리가 있죠.

야~! 현대과학도 사리에 관해서는 두 손 들었다.

김교각 스님이 머물렀던 안휘성 구화산 전경

처음 모습 그대로 피부는 유연하고 항아리에서 향내음이 퍼졌다고 한다. 이에 크게 환희한 제자들은 스님의 전신사리에 금을 입혀 법당에 모셨다.

지장보살의 화신이 된 김교각 스님

그 후 1천2백 년 동안 중국인은 물론 세계의 수많은 불자들에 의해 스님은 지장보살의 화현으로 믿어졌고

중생을 다 건질 때까지, 지옥이 텅 빌 때까지 나는 깨달음을 얻지 않을 것이며, 부처를 이루지도 않으리라던 지장보살님의 크나큰 원력을 증명하신 김교각 큰스님….

지장육신보전

현재도 매년 70만 명에 이르는 인파가 구화산에 모여들어 스님의 위대한 수행력에 찬탄·숭배를 바치고 있다.

이 신자는 지금 3보 걷고 한 번 절하면서 구화산의 6천4백 불상과 78개 사원에 일일이 참배하는 중이죠.

김교각 스님이 지장보살로 환생한 모습

당나라 때의 유명한 시인 이태백도 찬탄해 마지않았던 김지장 법사.

오직 부처님의 지혜만이 커서 생사를 비추는데 널리 자비의 힘 입고 빌어 능히 가없는 고통을 구제하네.

산신으로부터 샘물을 받는 김지장 법사

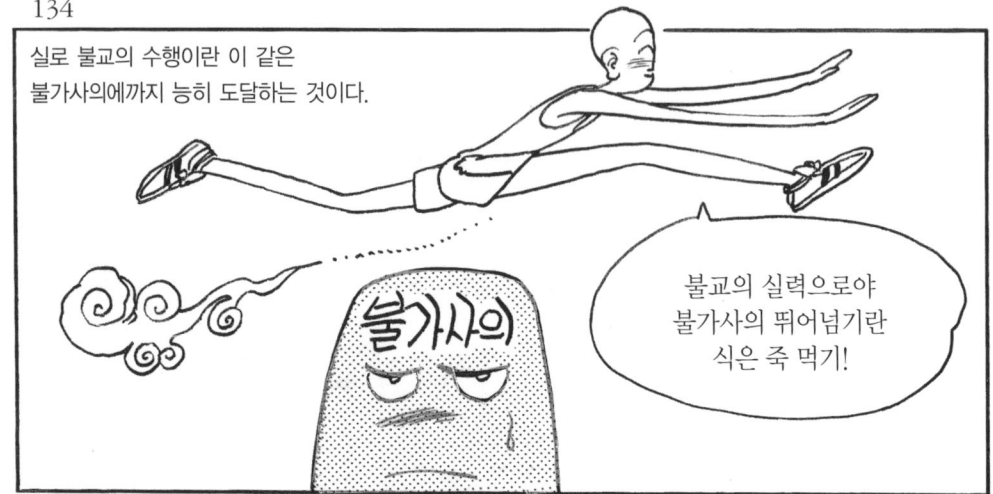

공덕을 회향하는 재

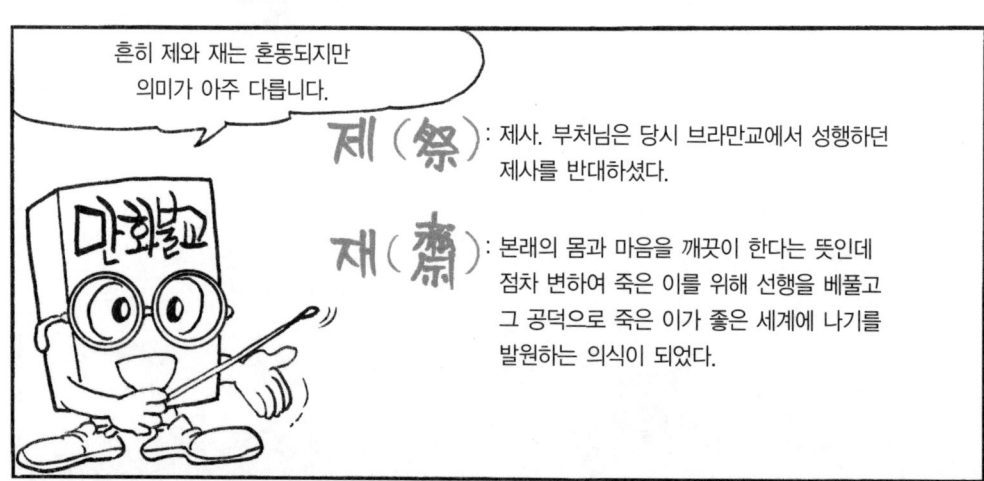

그런 다음 그 공덕을 훌훌 허공으로 날려 보내고

돌아와 부처님 앞에 앉아 고요히 마음을
가다듬고 나서 스님들에게 이 크나큰
행복과 자유의 값을 치를 일이다.

④ 알아두면 재미있는 불교 상식

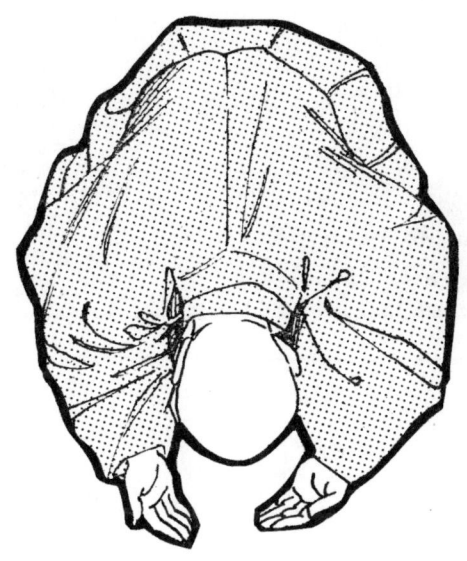

도구 이야기

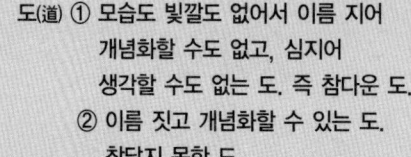

부처님께서도 도라는 개념을 쓰셨으며, 이 경우 도는 진리를 실현하기 위한 수단(방법)을 뜻했다.

목표에 도달시켜 주는 길 : 도(道)

목표 (결승점)

그러므로 삶의 목표인 해탈의 경지는 언어로 표현할 수도 없고, 개념짓거나 추리해서도 알 수 없지만
[노자의 도(도 ①)는 이것에 가깝다.]

오직 부처만이 부처의 경계를 아느니라.

지당하신 말씀입니다요.

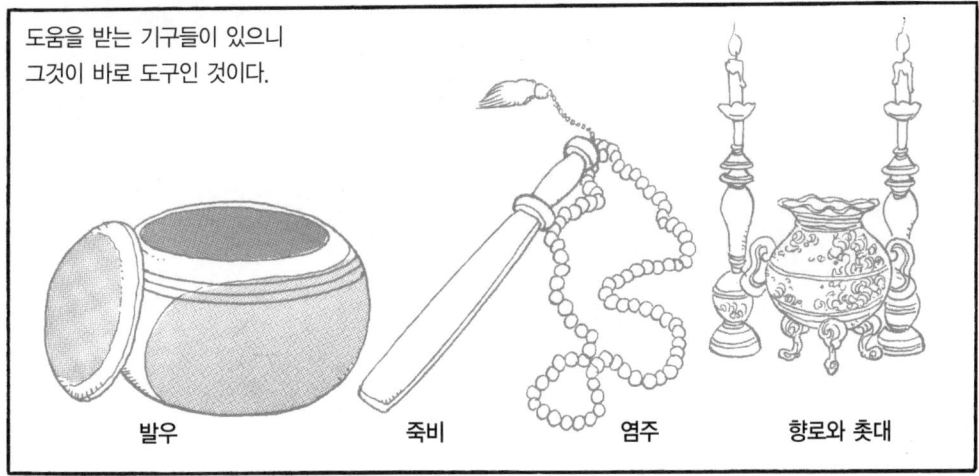

* 가사(袈裟) : 스님들의 겉옷.
** 가사와 발우를 합쳐 의발(衣鉢)이라 함.

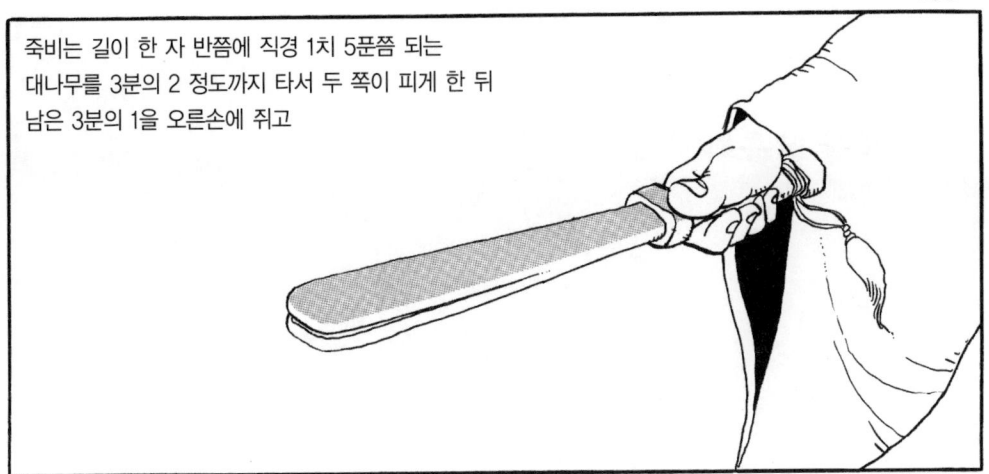

백팔 염주와 수도

한편 염주는 염불하는 데 쓰는 도구이다.

이때 염(念)이란 마음으로 어떤 주제를 끊임없이 떠올려서 챙긴다는 뜻이죠. 따라서 염불은 부처님을 끊임없이 떠올리며 챙기는 수행입니다.

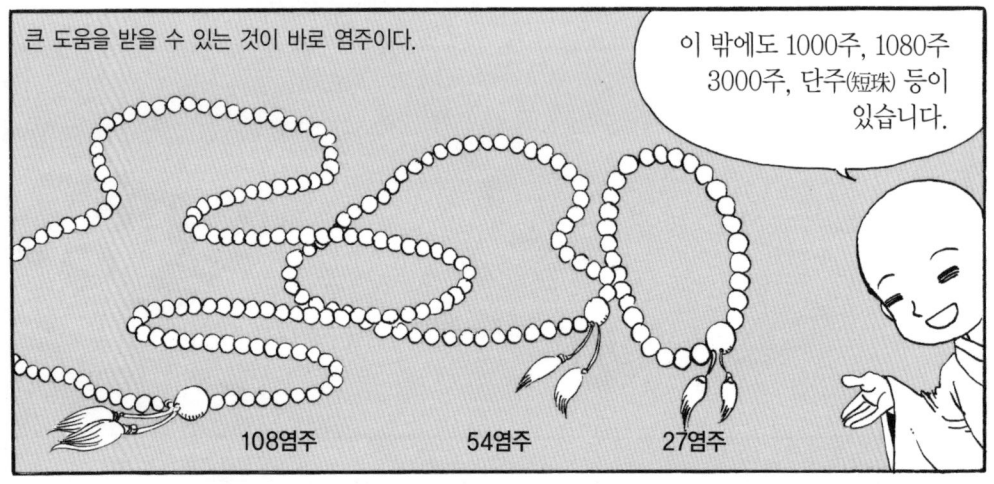

108염주의 근거가 된 108가지 번뇌는 보통 다음과 같은 교리에서 나온 것으로 본다. 먼저 인간은 여섯 가지 감각의 문(六文·六入·六根)으로 이 세상과 접촉하는데

인간의 6가지 주체 : 눈·귀·코·혀·몸(피부)·뜻(마음)
세상의 6가지 객체 : 색깔과 모양·소리·냄새·맛·감촉·생각(관념)

이 두 가지는 서로 짝을 이루죠.

이 둘이 6:6으로 만나면 각각의 만남에서 다음 세 가지의 느낌이 일어난다.

즐거운 느낌

괴로운 느낌

즐겁지도 괴롭지도 않은 느낌
(무덤덤한 느낌)

예를 들어 우리의 호프 홍길동이 금강산 만폭동 근처를 지나다가 양귀비 뺨치게 어여쁜 낭자를 만났다면

길동의 눈(주체)

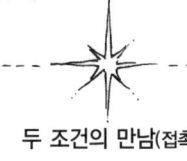

두 조건의 만남(접촉)

낭자(색깔과 모양 : 객체)

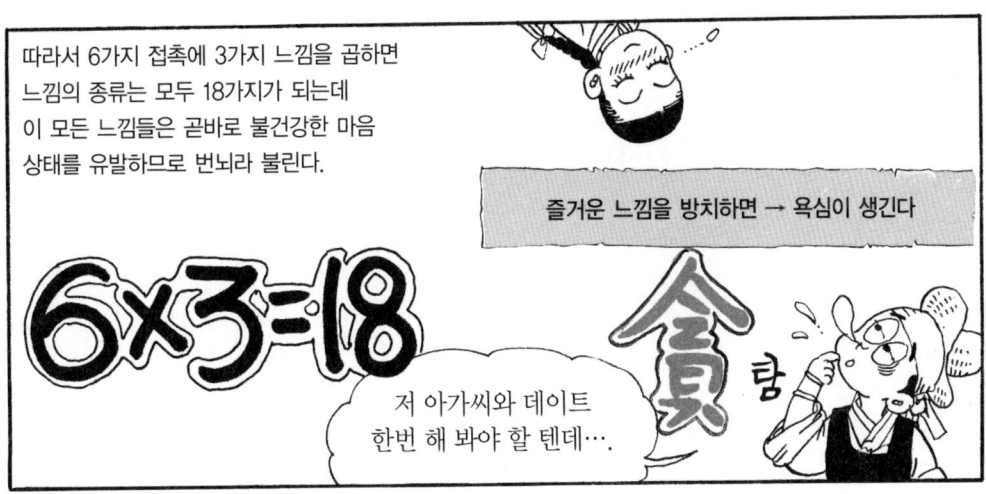

이 세 가지 느낌은 다시 육체적인 것과 정신적인 것으로 구분할 수 있다.

> 즐거운 느낌　육체적인 것 : 몸이 상쾌한 것 등
> 　　　　　　정신적인 것 : 성취의 기쁨 등
>
> 괴로운 느낌　육체적인 것 : 병을 앓는 것 등
> 　　　　　　정신적인 것 : 기분 나쁜 생각 등
>
> 덤덤한 느낌　육체적인 것 : 별 감각이 없는 상태
> 　　　　　　정신적인 것 : 의식이 명료하지 않은 상태

따라서 번뇌의 종류는 18×2해서 모두 36이 되죠.

그리고 이 36가지 번뇌는 과거·현재·미래에 걸쳐 계속되므로 번뇌는 모두 108가지가 된다.

36×3=108

바로 이렇게 돼서 백팔번뇌라는 답이 나온 거죠.

웬 산수 공부?

산술적인 답만 찾아 내면 뭐 하니?

번뇌는 문제 제기이지 답이 아니야. 백팔번뇌를 다 없앤 무(無) 번뇌가 나와야 진짜 답을 찾았다고 할 수 있지.

그렇구낭....

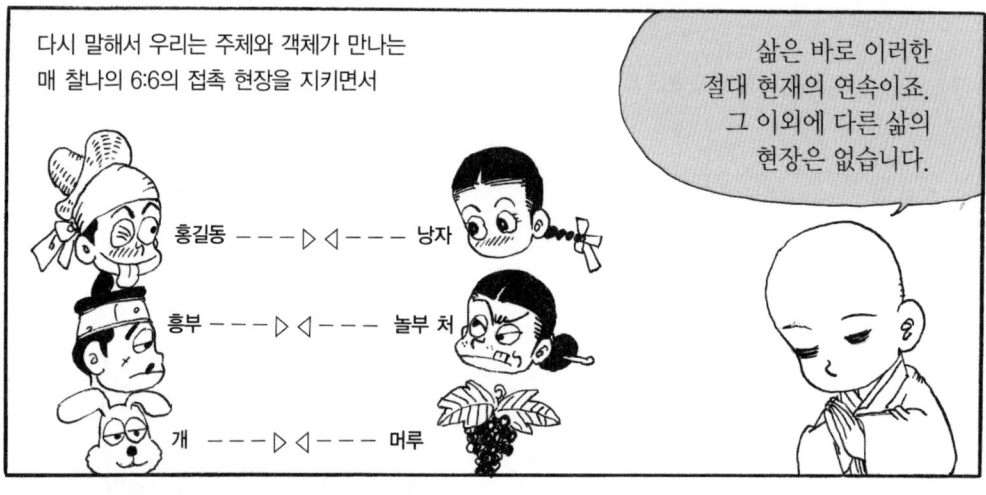

이것이 곧 도를 닦는 일, 즉 수도(修道)인 것이다.

농부는 물길을 내어 물을 대고
화살짓 대는 사람은 굽은 화살을
바르게 펴며
목수는 나무를 다루어
수레바퀴를 만들고
지혜로운 사람은
자기의 마음을 다스린다.
・법구경의 한 말씀.

탁발과 삭발염의

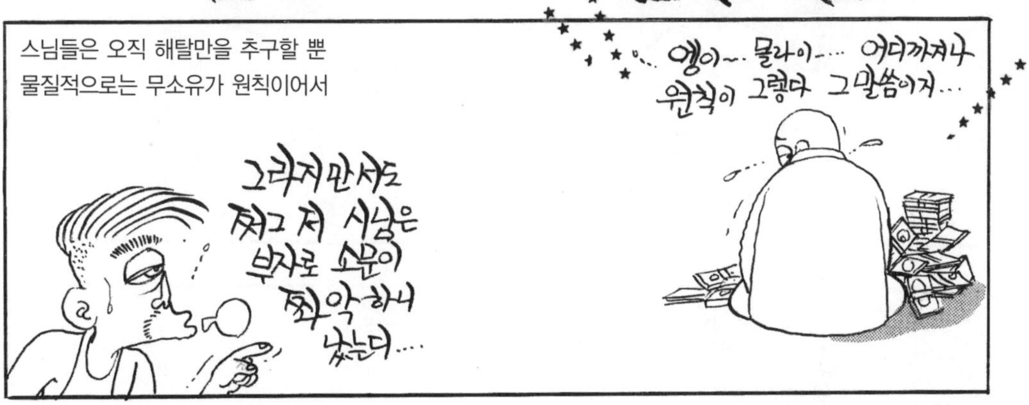

* 걸사(乞士) : 빌어서 생활하는 사람.

모든 스님들은 탁발로 생활하였고 부처님 또한 일반 비구들과 다름없이 부자와 가난한 집을 가리지 않고 일곱 집 이상 돌며 점심을 빌어서 드셨다.

공양을 하여 복 지을 기회를 모든 사람에게 고루 준다는 의미에서
부자와 가난한 자를 가리지 않고
그러면서도 부담을 덜 주게 한다는 의미에서 일곱 집 이상을 돌되
이편에서 음식을 고르거나 주문하지 않음으로써 주어진 조건에
만족하는 마음을 기르고
하루에 두세 번씩 빌면 시간이 많이 소요되고 번거로우며 수도에
방해가 되므로 점심 한 끼만 먹고 오후에는 굶으며
되돌아와 음식을 탁발 못 나간 노약자와 주변에 사는 생물들
(새, 벌레, 곤충 따위)에게도 나누어 줌으로써 자비를 베풀고

또 스님들은 속인들이 가장 싫어하는 색깔의 천으로 된 옷을 입는다. 보통 청·황·적·백·흑 5색을 섞어 결과적으로 검붉은 색이 된 여러 조각의 천을

스님들은 왜 하필 불그죽죽한 색깔의 겉옷을 입으시지?

예쁘지 않아야 인기가 없어서 속인들이 흉내 내지 못할 거 아냐.

가사. 물들인 옷이라 해서 염의라고도 한다.

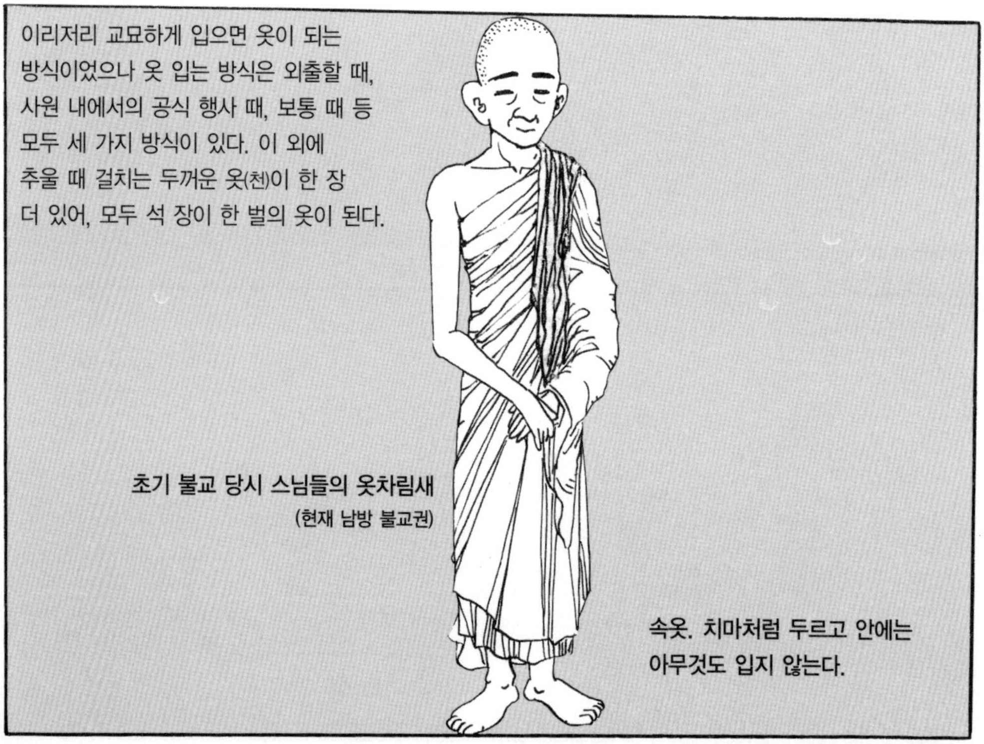

이리저리 교묘하게 입으면 옷이 되는 방식이었으나 옷 입는 방식은 외출할 때, 사원 내에서의 공식 행사 때, 보통 때 등 모두 세 가지 방식이 있다. 이 외에 추울 때 걸치는 두꺼운 옷(천)이 한 장 더 있어, 모두 석 장이 한 벌의 옷이 된다.

초기 불교 당시 스님들의 옷차림새
(현재 남방 불교권)

속옷. 치마처럼 두르고 안에는 아무것도 입지 않는다.

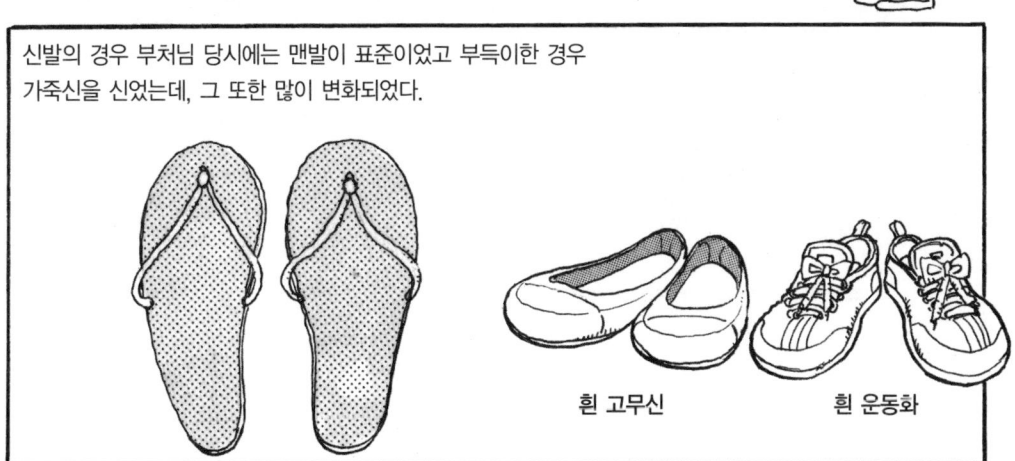

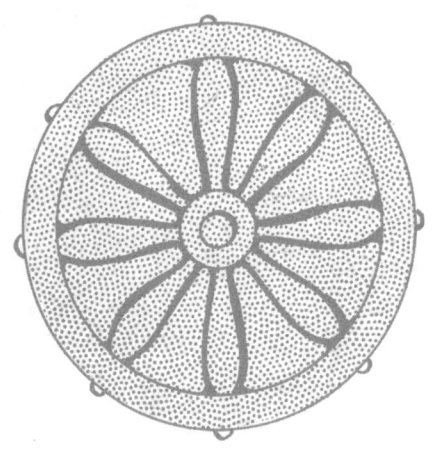

불교를 상징하는 것들

근대에는 도심 한복판에도 사찰이나 포교당이 개설되어 있는데

인자는 절이 꼭 산 속에 있어야 한다는 생각은 쪼까 바뀌어야 해.

하모~ 중생 곁에 있어야 중생을 구제할 수 있재.

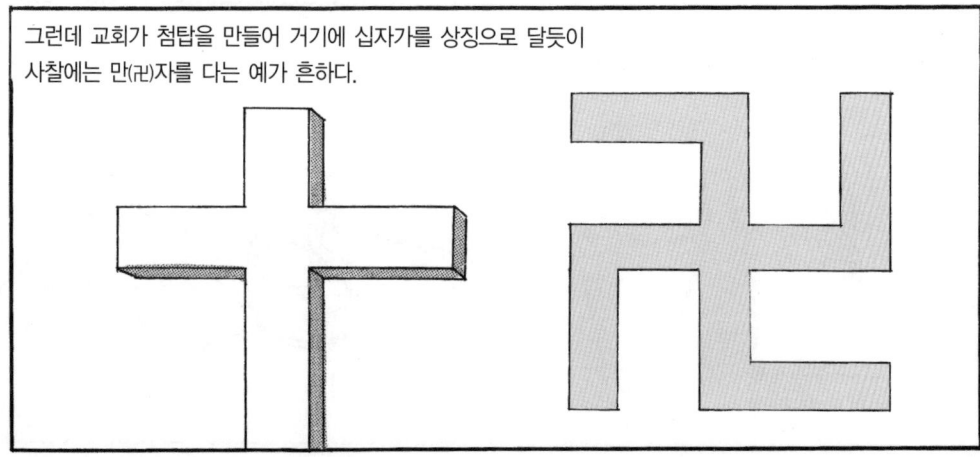

그런데 교회가 첨탑을 만들어 거기에 십자가를 상징으로 달듯이 사찰에는 만(卍)자를 다는 예가 흔하다.

모든 건 해석하기 나름이죠. 현대의 서양 불교학자들은 卍자를 L자가 네 개 모인 모양으로 보고 이렇게도 풀지요.

卍은 생명(Life)
광명(Light)
자비(Love)
자유(Liberty) 등
불교 이상을 표현하는
상징으로 볼 수 있다.

한편 불교기는 1950년 스리랑카에서 열린 제1회 세계 불교도 우의회에서 제정된 것으로 그 의미는 다음과 같다.

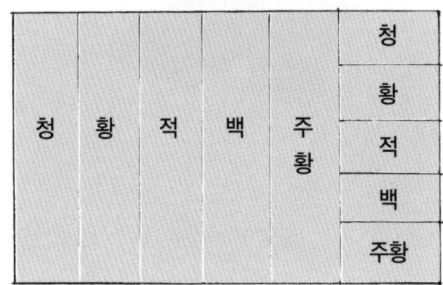

청	황	적	백	주황
				청
				황
				적
				백
				주황

- 가로 줄은 부처님의 가르침을, 세로 줄은 그 가르침의 영원성을 상징
- 부처님을 상징하는 다섯 색깔로 표현
  청 : 흐트러짐 없는 일념(부처님의 머리털 빛)
  황 : 찬연한 부처님의 마음 경계(부처님의 몸 빛깔)
  적 : 열정적인 정진력(부처님의 피)
  백 : 번뇌 없는 깨끗한 마음(부처님의 치아)
  주황 : 유혹, 굴욕, 수치를 참는 인내의 마음
  　　　(부처님의 가사)

또 다른 불교의 상징으로는 법륜(法輪)이 있고

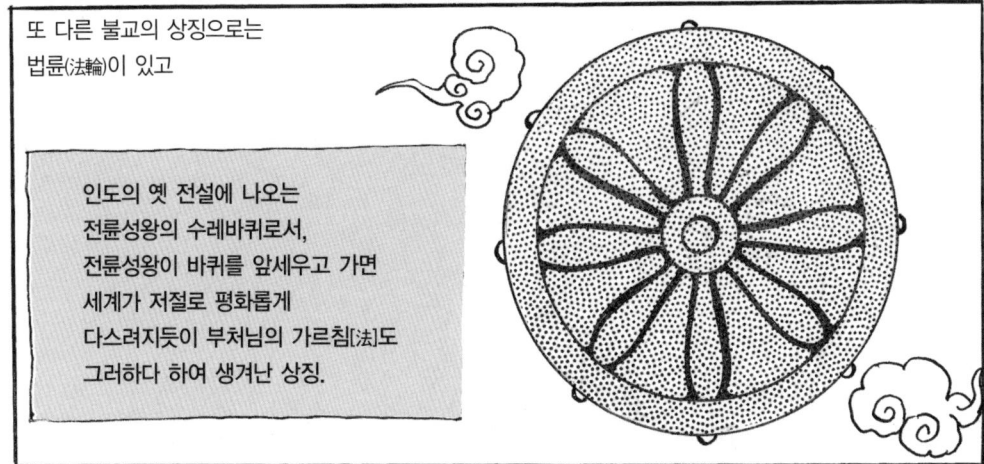

인도의 옛 전설에 나오는 전륜성왕의 수레바퀴로서, 전륜성왕이 바퀴를 앞세우고 가면 세계가 저절로 평화롭게 다스려지듯이 부처님의 가르침[法]도 그러하다 하여 생겨난 상징.

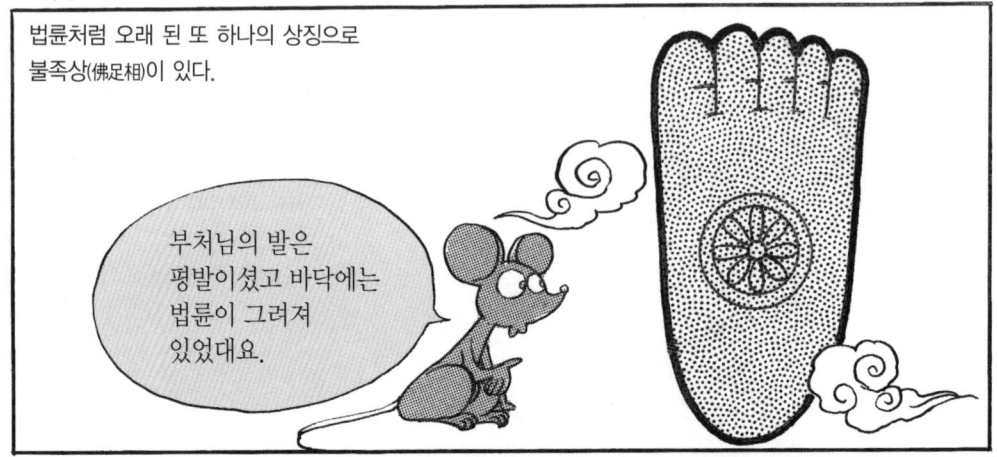

연꽃은 더러운 진흙 속에 뿌리를 내리고
탁한 연못에서 자라지만

바로 이것이야말로 부처님과 불제자들이 처해 있는 아귀다툼의 이 세상 아니겠어요?

그 더러움과 탁함에서 초연히 벗어나 맑고
깨끗한 꽃을 피우는 연꽃, 그 만다라화!

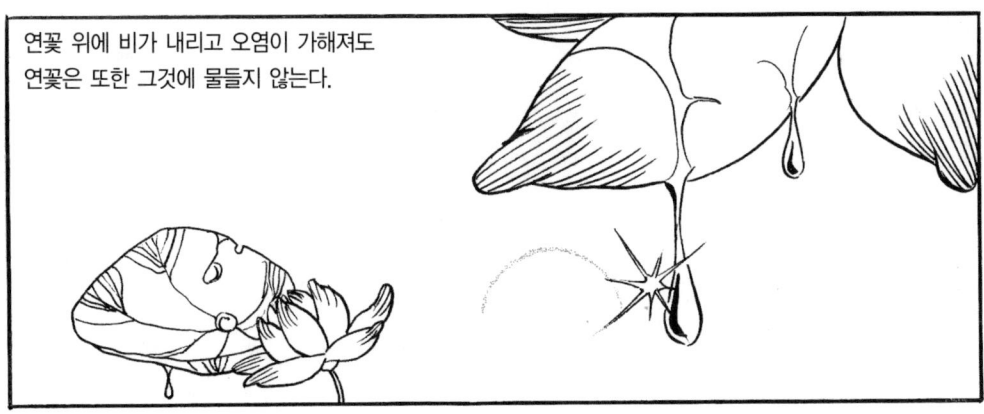

연꽃 위에 비가 내리고 오염이 가해져도
연꽃은 또한 그것에 물들지 않는다.

한편 동물 가운데서는 사자와
코끼리가 불교를 상징한다.

사자는 그 부르짖음으로 뭇 동물을 굴복시키므로
부처님의 가르침을 의미하고

크아아

법은 이러 하도다.
법은 저러 하도다.

그래서 부처님
말씀을 사자후라고
하게 된 거래요.

이에 비해 코끼리는 그 의젓한 품새와 흰 빛깔이
부처님의 태도와 마음을 의미하게 되었는데

저 코끼리가
숲 속에서 의젓하게
홀로 살아가듯
그렇게 의젓하게
홀로 살아가거라.

그렇게 귀중하게 여겨진 만큼
코끼리와 연관된 불교 설화는
헤아리기 어려울 정도로 많다.

부처님을 잉태할 때
어머니 마야 부인의
꿈에 상아가 6개인
흰 코끼리가 옆구리로
들어왔죠.

또 부처님께 먹을 것을
구해 준 숲 속의 코끼리
파릴레야까도 있고
……

또 티베트 불교에서 특히 발달한 만다라도
불교의 거대한 상징 체계이다.

불교의 철학에 따라 부처님들과 보살, 가르침 등을 상하좌우에 균형 있게 배치한 그림으로, 예배와 명상의 대상이 되죠.

만다라 역시 세계 곳곳에 있는 상징 체계랍니다.

거기에 더하여 일원상(一圓相)도 불교의 상징으로 널리 쓰인다.

진리는 모양이 없으나 억지로 나타내 보려다 보니 그려진 것이 한 둥근 모양, 즉 일원상입니다.

불상이 취하고 있는 인과 자세들

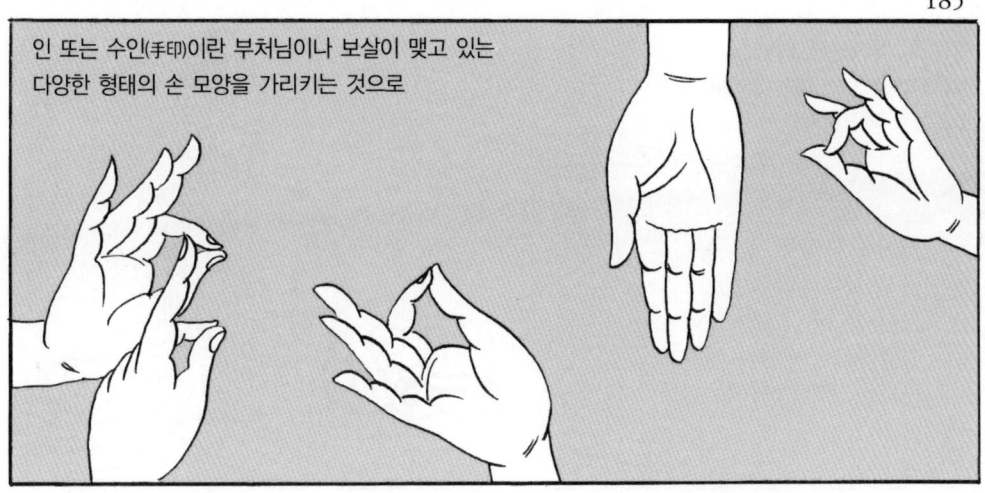

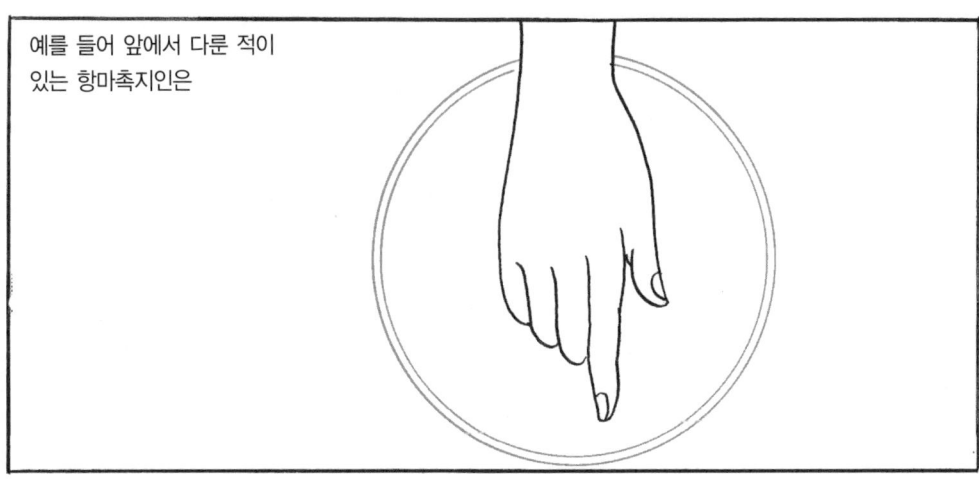

석가모니 부처님께서 깨달음을
성취하기 직전 마왕과 대결하던 중
마왕이 이렇게 물었다.

과거생에 내가 지은 공덕은
당신이 증언해 주었소.
그러나 당신이 과거생에
지었다고 주장하는 엄청난
공덕은 누가 증명해 주겠소.

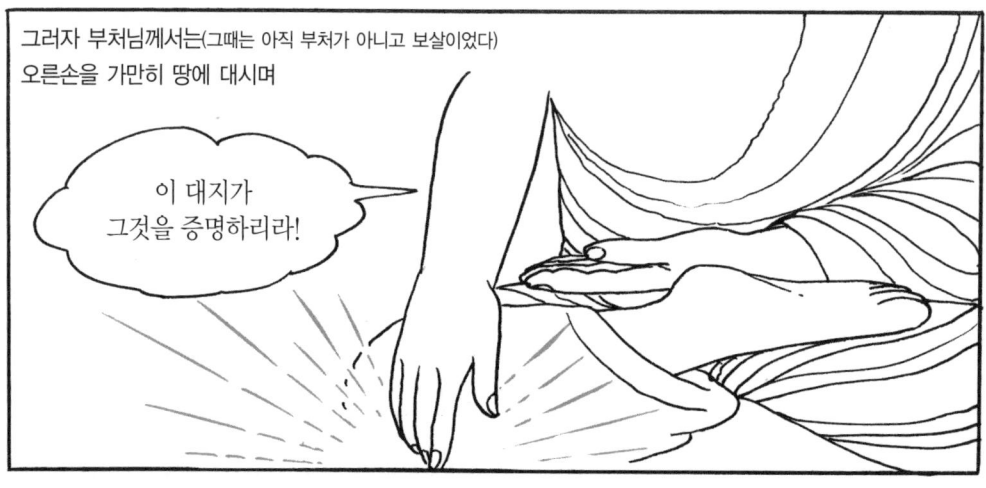

그러자 부처님께서는(그때는 아직 부처가 아니고 보살이었다)
오른손을 가만히 땅에 대시며

이 대지가
그것을 증명하리라!

그 순간 대지가 크게 진동하면서 땅 속으로부터
지신이 솟아올라 부처님의 과거 공덕행을
증명해 줌으로써 마왕으로부터 항복받은
장면을 포착한 것이다.

降魔觸地印

그 밖에 지권인은 비로자나 부처님이 짓는
독특한 인이며

왼손은 부처님세계를, 오른손은 중생세계를 상징합니다. 두 세계가 하나로 합쳐졌다는 의미죠.

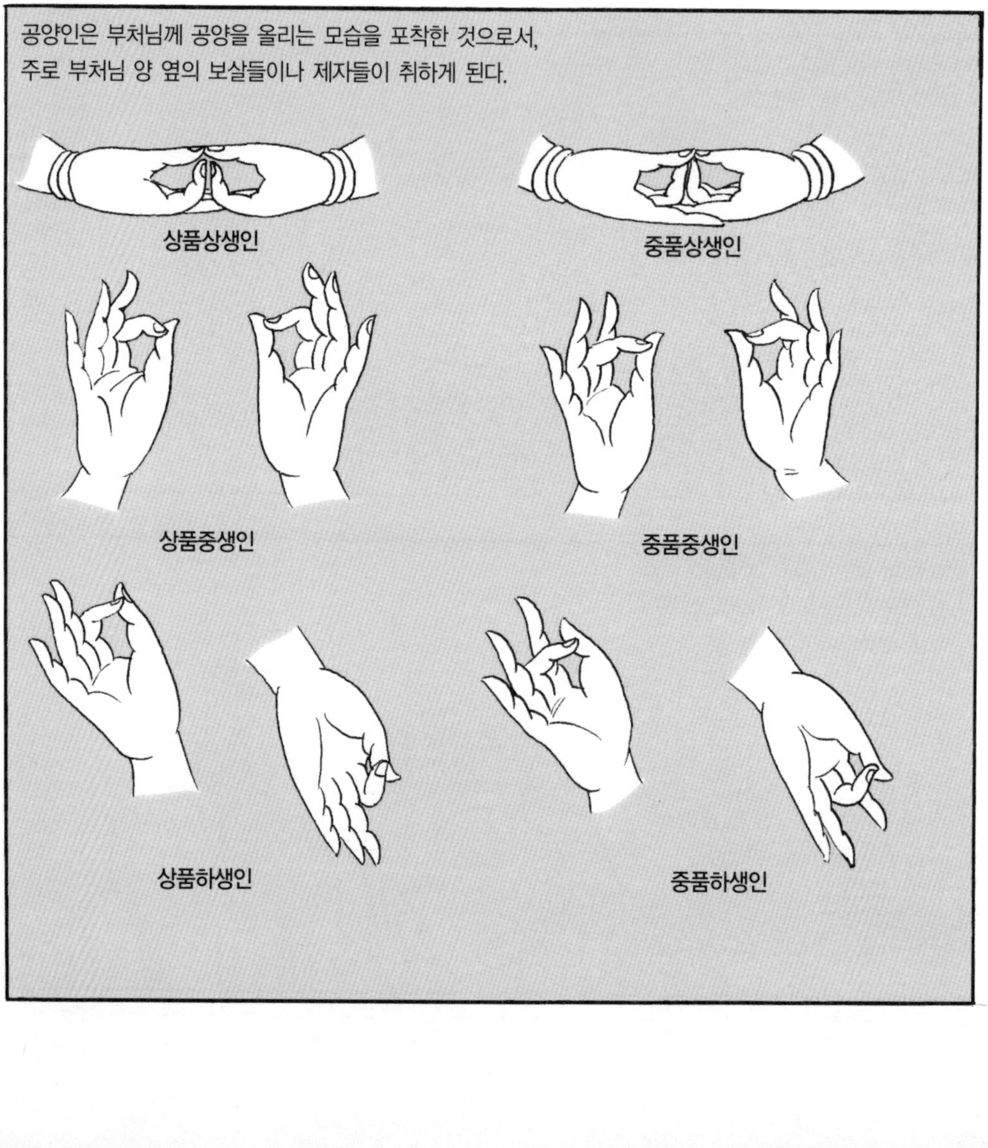

공양인은 부처님께 공양을 올리는 모습을 포착한 것으로서,
주로 부처님 양 옆의 보살들이나 제자들이 취하게 된다.

상품상생인

중품상생인

상품중생인

중품중생인

상품하생인

중품하생인

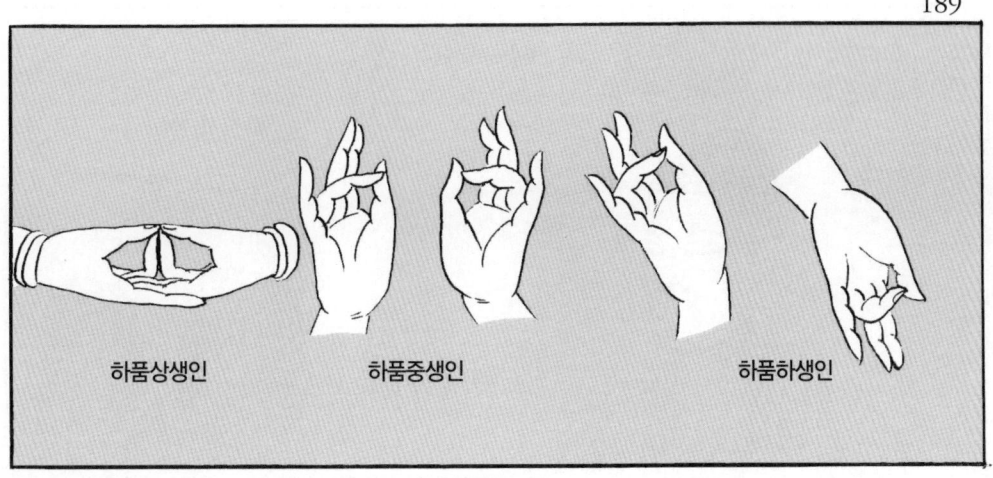

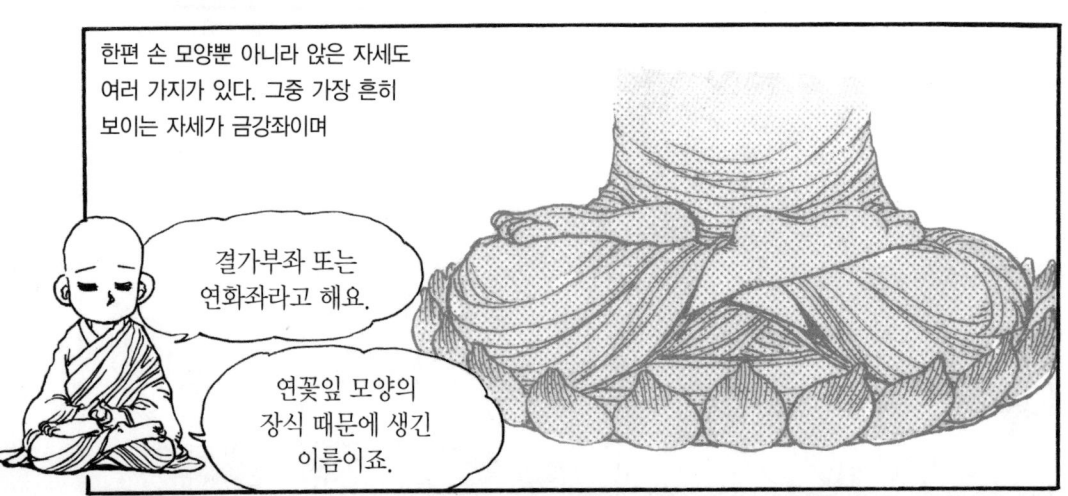

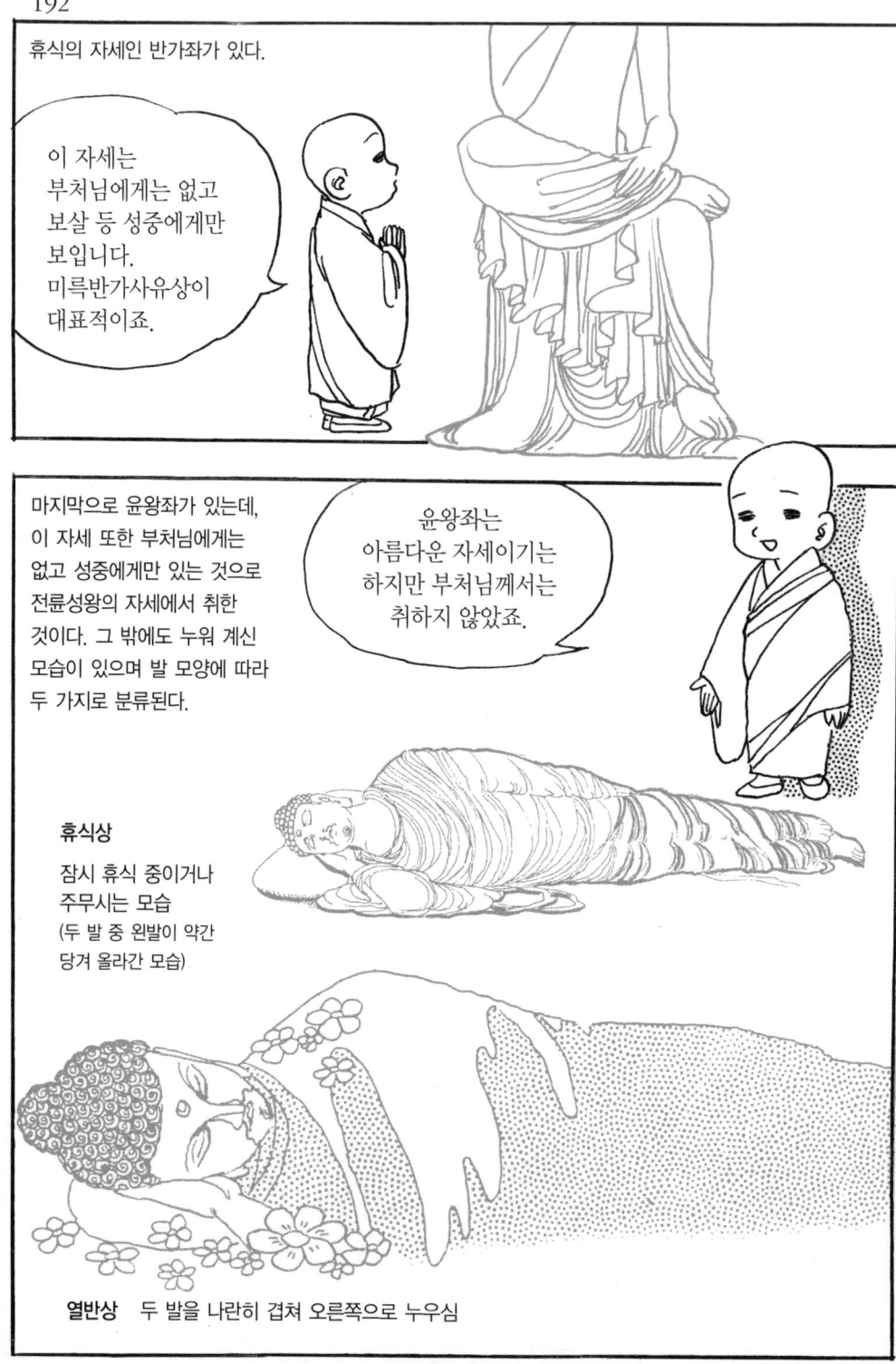

불교 기념일

불교에는 기본적으로 다음과 같은 4대 기념일이 있다.

부처님 오신 날 : 우리나라의 경우 음력 4월 8일이다.
　　　　　　　부처님의 탄생일은 여러 가지 설이 있어 혼란을 겪어
　　　　　　　오다가 1956년 11월에 열린 제4차 세계불교도대회에서
　　　　　　　양력 5월 15일로 통일하였다.
출가절 : 나중에 부처님이 되신 싯다르타 태자가 왕자로서의 호화로운
　　　　삶을 버리고 구도의 길에 나선 것을 기념하는 날. 음력 2월 8일.
성도절 : 부처님께서 불도를 모두 완성하신 날. 음력 12월 8일
열반절 : 부처님께서 45년간의 교화를 마치고 영원한 고요 속으로
　　　　가신 날. 음력 2월 15일.

이 4대 기념일의 의미는 부처님 오신 날보다는 오히려 성도절과 열반절이 더 중요할 수도 있죠. 특히 열반절의 경우는 큰 의미가 있습니다. 이때 영원한 고요 속으로 가신 것은 단순한 죽음이 아니라 거룩한 깨달음에 의해 죽음을 초월하신 것이니, 부처님만이 보이실 수 있었던 위대한 완성이죠.

앗따! 그래서 부처님이 가시던 날 큰 제자 스님들은 슬퍼하기는커녕 그 거룩한 완성을 찬탄하셨나벼.

사원 예절

절의 일주문에 들어서기 전에 마음을 경건하게 가다듬은 뒤 서서 반배(半拜)로 한 번 절한다. 반배는 두 손을 가슴 앞에 모으고(합장), 상체를 60도쯤 천천히 굽히는 예법이다. 사천왕상, 탑, 부도(역대 스님들의 묘탑) 등에도 반배로 절하고, 길에서 스님이나 법우(法友 : 같은 불교도)를 만났을 때도 반배로 예를 표한다.

경내에서는 뛰지 않으며, 떠들거나 크게 웃지 않는다. 경내에 들어오면 먼저 법당에 들러 참배한다. 이 때 정면의 큰 문은 큰스님이 전용하는 문이므로 양 옆의 문으로 출입한다.

법당으로 들어갈 때는 부처님이 앉아 계신 쪽을 기준으로 하여 왼쪽 문으로 들어갈 경우는 왼쪽 발, 오른쪽 문으로 들어갈 경우에는 오른쪽 발을 먼저 들여놓는다. 즉 몸의 정면이 부처님과 등지지 않고 향할 수 있도록 들어간다.

법당 문 안에 들어서면 먼저 상단(정면)의 부처님께 합장 반배한다. 그런 뒤 발뒤꿈치를 들고 조용히 걸어 나가 촛불을 올리거나 향을 꽂고 다시 합장 반배한다. 참배하고 나올 때 촛불을 끌 경우 입으로 불어 끄지 않고 불 끄는 도구를 사용한다.

뒷걸음질로 물러서서 부처님께 오체투지(五體投地)로 세 번 절한다(3배). 이때 법당의 정중앙이 아닌 양 옆자리를 사용한다. 오체투지란 이마와 양팔, 양 무릎이 땅에 닿는 큰 절로서 정례(頂禮)라고도 한다. 오체투지의 요령은 다음과 같다.

합장하고 선 상태에서 천천히 두 무릎을 꿇고, 오른손부터 왼손 순으로 땅을 짚은 뒤, 마지막으로 이마를 땅에 댄다. 이때 발은 펴서 X자 되도록 하되 오른발을 아래로 왼발을 겹쳐 올려 놓으며, 둔부가 처들리지 않도록 유념한다.

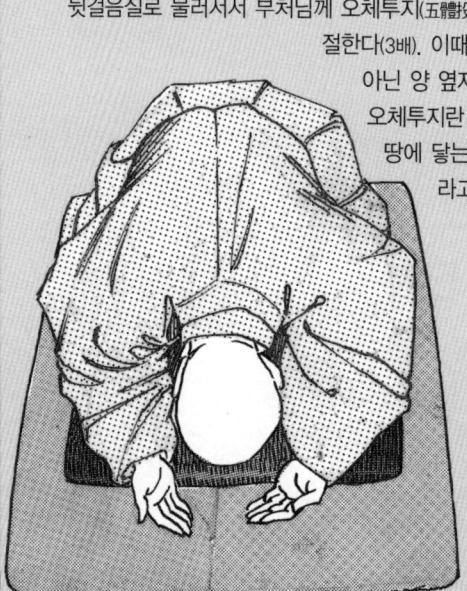

잠시 그 상태를 유지한 다음 두 손을 합장한 자세로 일어서서 다시 처음 자세로 돌아오면 1배가 된다. 이렇게 세 번 절한 다음 마지막으로 다시 합장 반배한다.
　상단(上壇)의 부처님께 3배한 뒤에 원한다면 중단(中壇), 즉 양옆에 탱화로 그려져 있는 신중(神衆)에게도 예배할 수 있다.
큰스님이나 다른 스님들을 실내에서 처음 뵐 때에도 3배로 예를 표한다. 스님 쪽에서 사양하는 경우 1배만 해도 좋다.
　3배에는 완전한 1배를 세 번 하고 마지막으로 반배하는 방법과, 처음만 완전한 1배를 하고 나머지 두 번은 엎드린 상태에서 일어서지 않고 상체만 두 번 굽혀 오체(몸의 다섯 부위)를 땅에 댄 뒤 마지막으로 일어서서 반배하는 방법이 있다. 이중 전자는 우리나라 방식이고, 후자는 남방 불교권의 방식이다.

절하기를 아끼는 사람에게는 절이 도통 가까워지지 않는 법이지요.

왠지 자신도 안 생기고~

또 절은 완전한 굴신(屈身) 운동이 됩니다. 3천 배 한번 해 보세요. 십년 묵은 체증이 확 뚫릴 겁니다.

❺ 불교 예술의 세계

단청과 장엄화와 승무

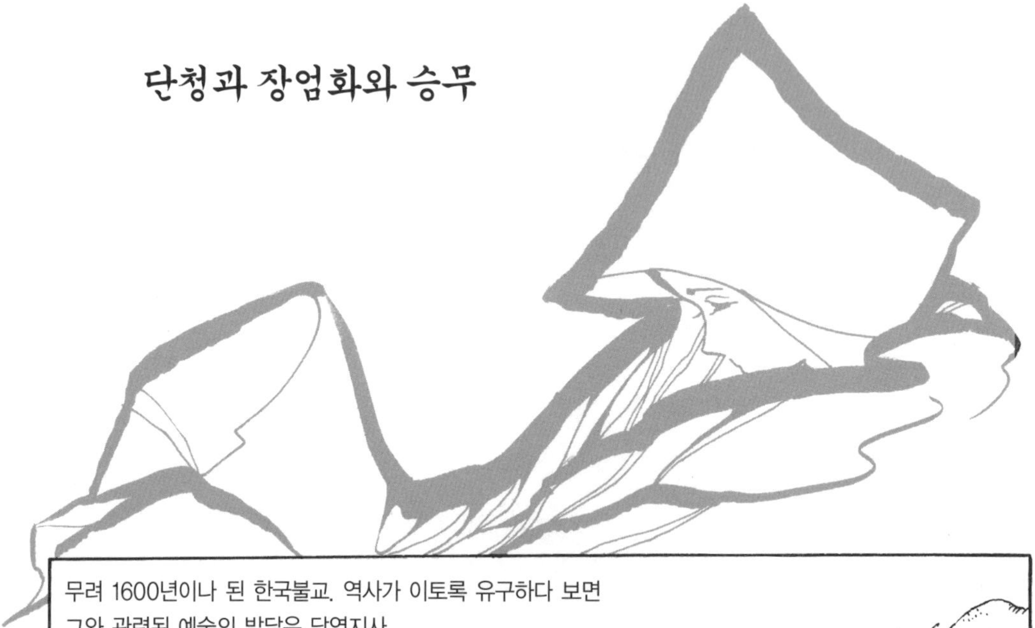

무려 1600년이나 된 한국불교. 역사가 이토록 유구하다 보면 그와 관련된 예술의 발달은 당연지사.

우리는 뭐든지 표현하지 않고는 당최 못 견디지라우.

하모~ 맞는 말이데이. 예술 몬 하몬 몸살나재.

깡깡

예를 들어 우리가 지금까지 살펴본 사찰의 건축물과 불상도 탁월한 불교 예술의 한 예가 되겠고

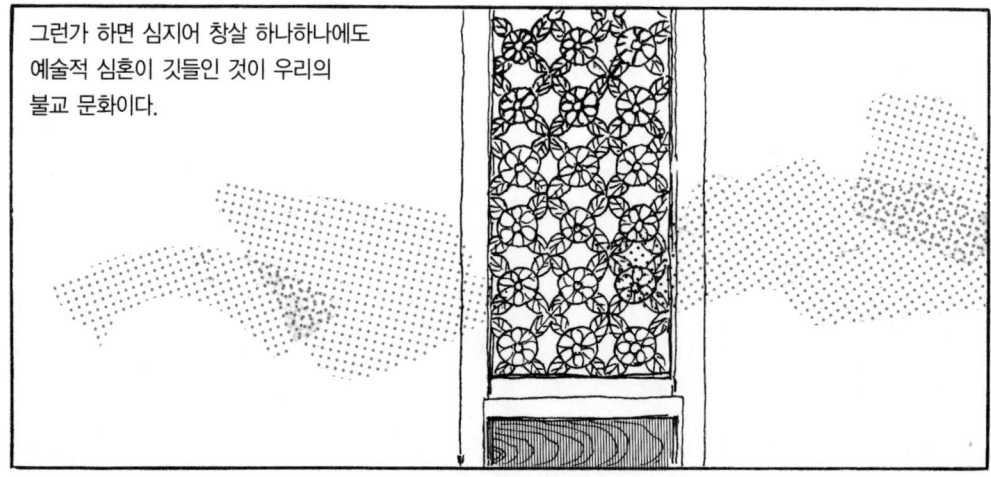

깨어진 돌 한 덩이 흐르는 물 한 줄기까지도 무심한 듯, 그러나 깊고 그윽한 맛을 내는 산사(山寺)의 예술미!

산사의 입구에는 두 개의 커다란 당간지주가 서 있어 이곳이 사찰임을 알린다.

큰 행사가 있을 때면 여기에 철이나 청동으로 된 지주(장대)를 세우고 깃발을 꽂았죠.

한편 불교 회화에는 앞에서 소개한 바 있는 탱화 이외에도 장엄화가 있다.

탱화는 예배 대상이고 장엄화는 불보살님이 불법을 찬탄하려는 의도에서 그려진 그림입니다.

장엄화 가운데에는 부처님의 일생에서 가장 중요한 여덟 장면을 그린 팔상도가 있다.

팔상(八相)

◆ 강도솔상 : 보살(미래의 부처님)이 도솔천에서 내려오는 모습
◆ 탁 태 상 : 보살이 어머니가 되실 마야 부인의 몸에 코끼리의 모습으로 깃들이는 모습
◆ 출 생 상 : 보살이 태어나 일곱 걸음을 걸은 후 '천상천하에 내가 가장 존귀하다'고 외치는 모습
◆ 출 가 상 : 보살이 생로병사 등 삶의 근본적인 고뇌를 해결하기 위해 말을 타고 성을 넘어 집을 떠나는 모습
◆ 항 마 상 : 보살이 수도하던 끝에 마왕으로부터 항복을 받는 모습
◆ 성 도 상 : 보살이 완전하고 올바르고 위없고 평등한 깨달음을 성취하여 부처님이 되시는 모습
◆ 전법륜상 : 부처님께서 깨달으신 내용을 다섯 비구 제자에게 처음으로 가르치시는 모습
◆ 입열반상 : 부처님께서 45년간의 교화를 모두 마치고 완전한 고요와 평화 속으로 들어가시는(돌아가시는) 모습

곽암 선사는 도를 닦는 과정을 소를 찾는 과정에 비유해 다음과 같이 보여 주었다.

① 심우(尋牛) : 소를 찾아 나선다.
② 견적(見跡) : 소의 발자국을 본다.
③ 견우(見牛) : 저만치 있는 소를 발견한다.
④ 득우(得牛) : 소를 붙잡는다.
⑤ 목우(牧牛) : 소에게 풀을 먹인다.
⑥ 기우귀가(騎牛歸家) : 소에 올라타고 집으로 돌아온다.
⑦ 망우존인(忘牛存人) : 소에 대해서도 잊었으나 자기 자신은 잊지 못한다.
⑧ 인우구망(人牛俱忘) : 소뿐 아니라 사람까지 잊는다.
⑨ 반본환원(返本還源) : 근본으로 돌아간다.
⑩ 입전수수(入廛垂手) : 전(시장의 물건 파는 가게)에 가서 산다.
　　　　　　　　　　　즉 이제는 해탈한 차원에서 세속으로 돌아와 자유로이 살지만 세속에 물들지 않는다.

월명사의 제망매가

한편 불교 예술에서 빼놓을 수 없는 중요한 장르가 문학이다.

때는 신라 경덕왕 4월, 하늘에 큰 이변이 일어났는데

아니, 이럴 수가!

전하, 괴변이옵니다! 하늘에 해가 두 개 떴사옵니다.

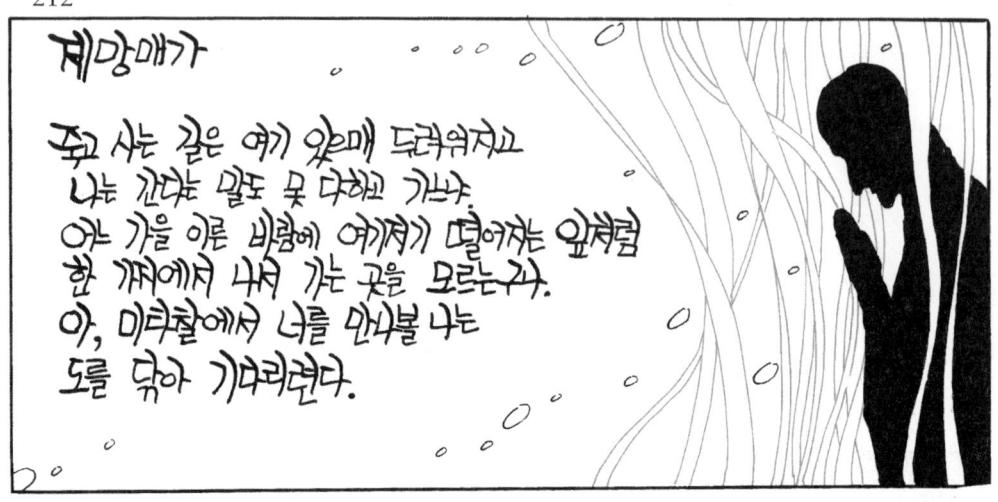

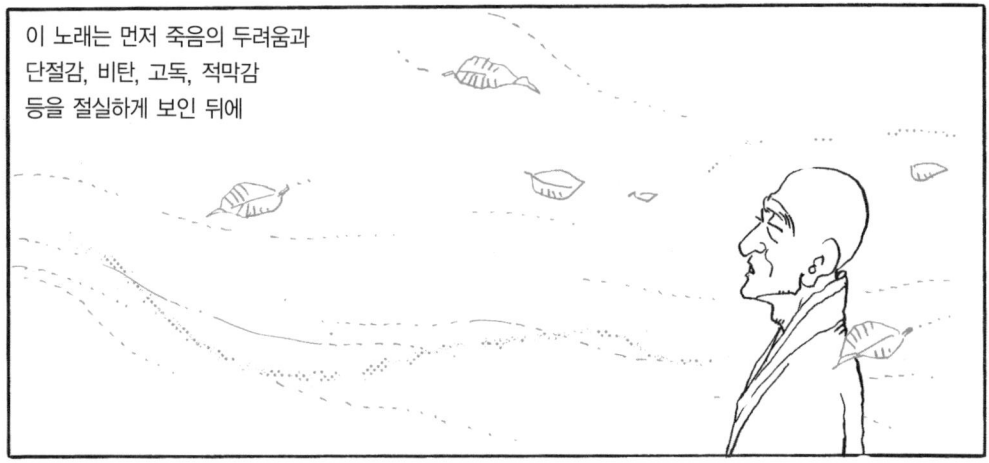

〈제망매가〉 또한 죽음의 괴로움과 원인, 그것이 극복된 극락세계와 극락세계에 이르기 위해 도를 닦는 구도로 되어 있으므로 탁월한 불교 설법이자 불교문학의 걸작이라고 볼 수 있다.

고려·조선시대의 불교 문학

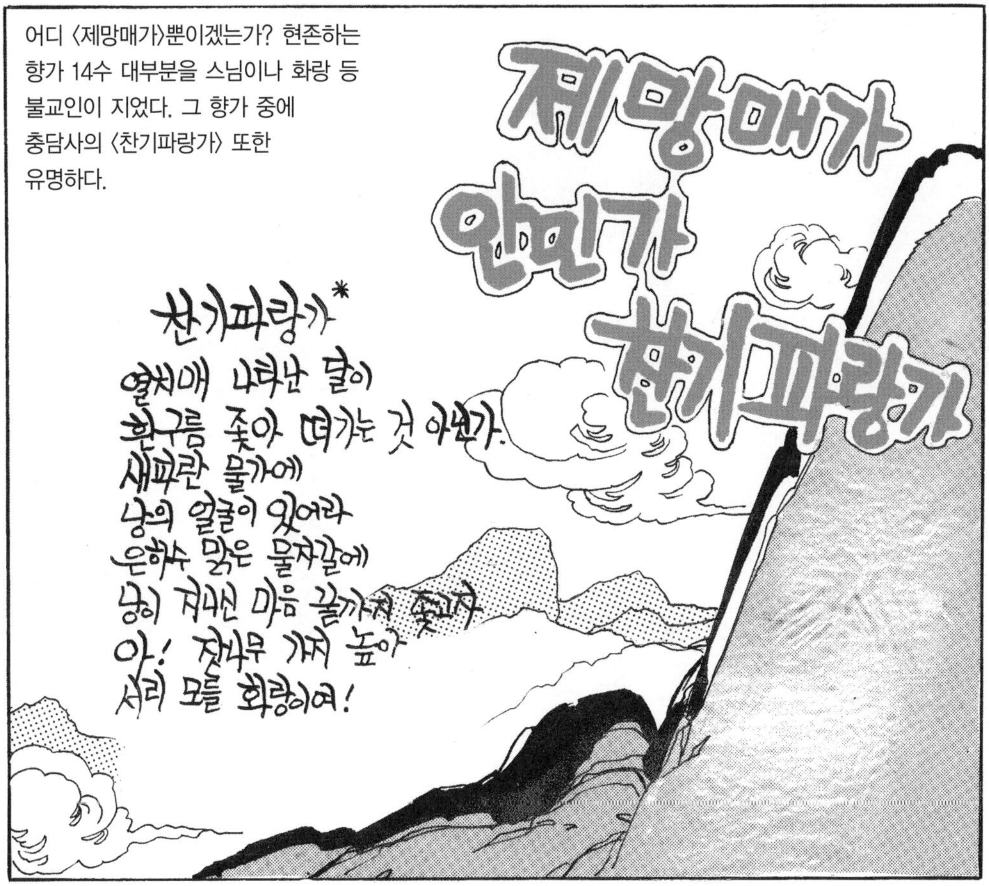

어디 〈제망매가〉뿐이겠는가? 현존하는 향가 14수 대부분을 스님이나 화랑 등 불교인이 지었다. 그 향가 중에 충담사의 〈찬기파랑가〉 또한 유명하다.

찬기파랑가*
열치매 나타난 달이
흰구름 좇아 떠가는 것 아닌가.
새파란 물가에
낭의 얼굴이 있어라
은하수 맑은 물자갈에
낭이 지니신 마음 끝까지 좇고자
아! 잣나무 가지 높아
서리 모를 화랑이여!

제망매가
안민가
찬기파랑가

* 찬기파랑가 : 기파랑을 예찬하는 노래.

이 〈찬기파랑가〉는 기파랑이라는 화랑을 찬미하는데, 짧은 시 속에
달·구름·냇물·조약돌·잣나무 등의 소재를 고루 배치하면서

위로는 하늘에 올라 구름을 헤치고 나타난
달로 기파랑의 고매한 인품과 영원성을
우주적으로 보이고

다시 땅으로 내려와 맑은 물 속에 잠긴
조약돌의 깨끗함으로 기파랑의
외모를 묘사한 다음

마지막으로 잣나무가 서리를 이기는 꼿꼿한 기상을 묘사하여, 신라인들이 동경하던 인격과 무예와 외모의 아름다움을 고루 갖춘 한 청년을 종횡무진으로 그려 내고 있다.

한편, 고려시대에는 균여 대사가 〈보현십원가〉 11수를 남겼고 많은 선승들에 의해 선시(禪詩)가 쓰여졌다.

조선시대에 이르자 세종대왕에 의해 『석보상절』『월인천강지곡』이 창작되었다.

『석보상절』은 석가모니 부처님의 일대기죠.

『월인천강지곡』에서 월인천강은 하나의 달이 천 개의 강에 그림자를 비추이듯, 진리 그 자체를 의미하는 비로자나불의 깊은 명상 속에 온 우주가 비친다는 의미고요.

이 옹가에게는 팔순의 노모가 있었는데, 옹고집은 약 한 첩도 봉양을 않고 노모를 냉방에 내쳤다.

흐흥~ 그저 늙으면 빨리 죽어야지.

흑흑! 서러워라. 내가 너를 낳아 기를 적에 애지중지 사랑하여 어루만져 하는 말이

엉엉...

은자동아 금자동아 무하자태 옥자동아
천지만물 일월동아 아국사랑 간간동아
하늘같이 어질거라 땅같이 넓어라
금을 준들 너를 사랴 천상인간 무가보는
너 하나 뿐이로다.

이같이 사랑하여 너 하나를 길렀더니 천지간에 이런 공을 모르느냐, 이놈아!

이 불효자야!

착한 일도 많이 하고 이웃에도 공덕을 지었으며

특히 불도를 숭상하게 되었다는 이야기이다.

구운몽

한국 불교문학의 최고봉은 단연 김만중의 『구운몽(九雲夢)』이라 할 것이다.

영국에 셰익스피어가 있다면 우리나라엔 김만중이 있다.

나도 한마디.

셰익스피어에게 『햄릿』이 있다면 김만중에겐 『구운몽』이 있지!

유복자로 태어나 어머니 윤씨 부인에게 직접 『소학』, 『사략』, 『당시』 등을 배웠던 서포 김만중은

客睡何曾着 秋天不肯明
객 수 하 증 착 추 천 불 긍 명

나그네가 잠이 어찌 초저녁부터 왔겠는가? 게다가 가을밤이란 길어서 새벽이 되어도 이내 밝지 않는다.

아, 북으로 바라보니 석양에 무너진 모양은
진시황의 아방궁이요, 서로 바라보면 바람 부는
찬 수풀은 무제의 무덤이로다.
그분들의 호화 부귀는 백년을 짧게 여기더니
이제 다 어니 있나뇨. 나 또한 마침내
저러히 이슬과 풀로 돌아갈진대⋯.
먼 훗날 나무꾼과 목동이 이곳을 지나며 말하기를
"여기가 양 승상이 옛날 여러 낭자와 더불어 놀던 곳이다.
승상의 부귀 풍류와 여러 낭자의 옥용 화태는
이제 어니 갔나뇨?"하리니.
인생은 덧없는 것. 무릇 유도(儒道)는 부귀 공명을
이룰지라도 살아 있을 때의 사업에 지나지 않고
선도(仙道)는 예부터 얻는 자가 귀하니
나는 가끔 참선하는 꿈을 꾸는 사람인지라
불도(佛道)에 뜻을 두리라.

* 호승(胡僧) : 인도 풍의 승려.

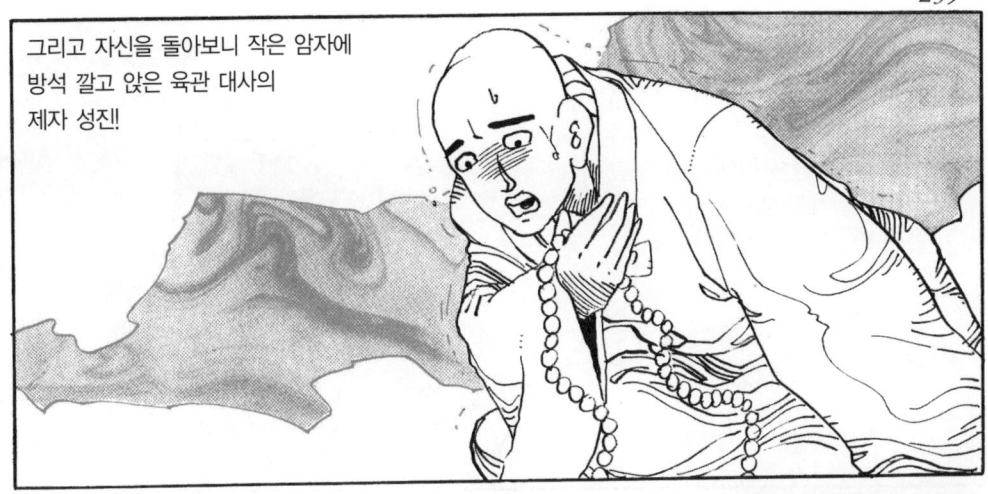

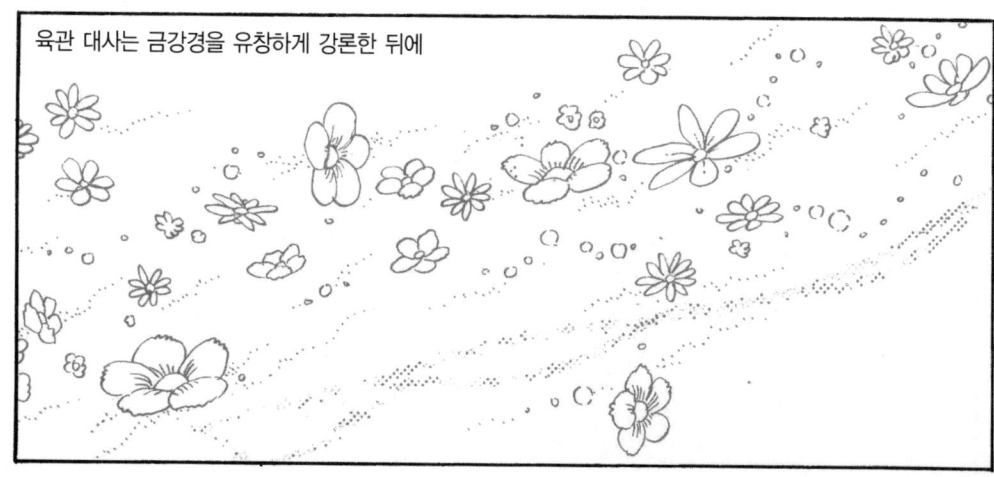

유명한 금강경의 게송을 읊었다.

일체유위법 (一切有爲法)
여몽환포영 (如夢幻泡影)
여로역여전 (如露亦如電)
응작여시관 (應作如是觀)

지어진 모든 것들은
꿈같고 헛것 같고 물거품 같고 그림자 같고
이슬 같고 또한 번갯불 같아
마땅히 이같이 관찰할지니라.

그러자 성진과 여덟 비구니가 곧 깨달음을 얻고 불생불멸의 경지에 이르렀으며, 성진은 큰 도인이 되어 수많은 사람을 교화한 뒤에 극락세계로 갔다.

현대 문학 속의 불교

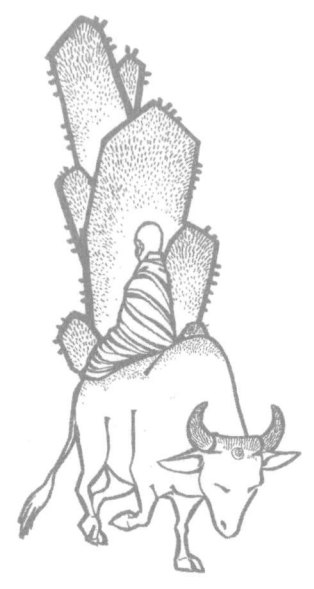

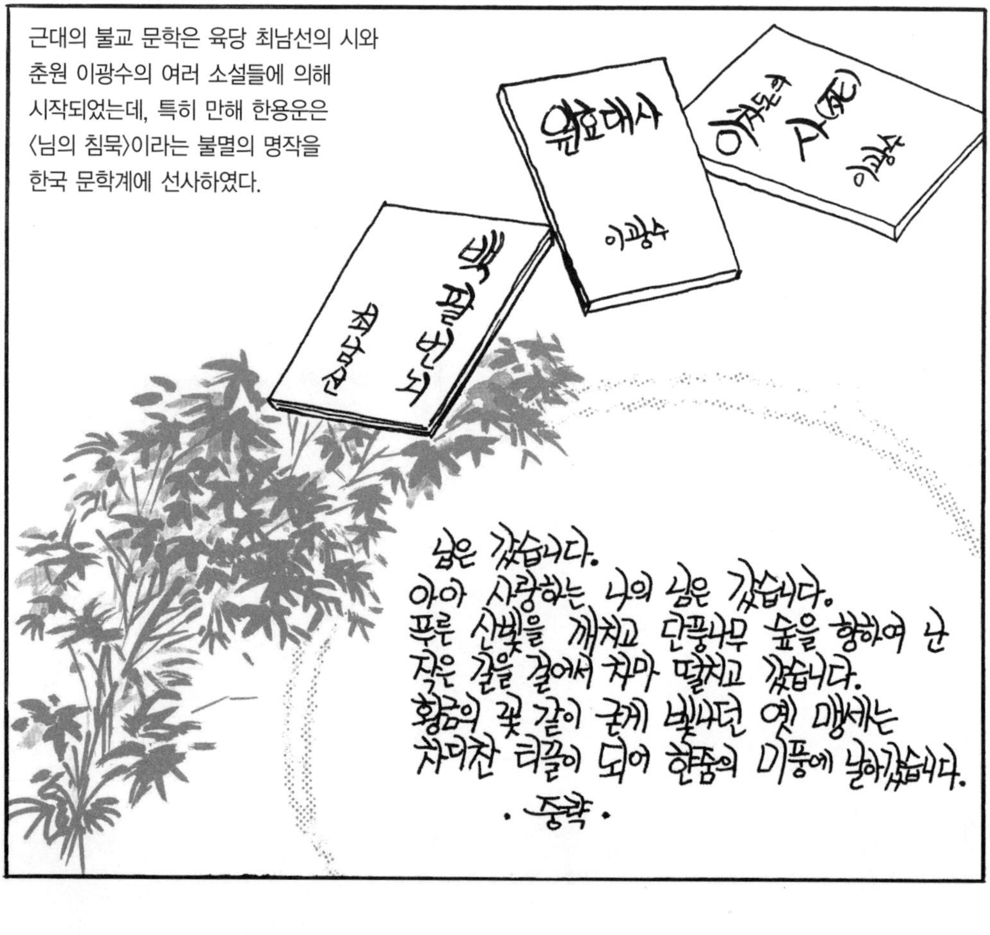

근대의 불교 문학은 육당 최남선의 시와 춘원 이광수의 여러 소설들에 의해 시작되었는데, 특히 만해 한용운은 〈님의 침묵〉이라는 불멸의 명작을 한국 문학계에 선사하였다.

> 님은 갔습니다.
> 아아 사랑하는 나의 님은 갔습니다.
> 푸른 산빛을 깨치고 단풍나무 숲을 향하여 난
> 적은 길을 걸어서 차마 떨치고 갔습니다.
> 황금의 꽃 같이 굳게 빛나던 옛 맹서는
> 차디찬 티끌이 되어 한숨의 미풍에 날아갔습니다.
> · 중략 ·

그 후 해방과 더불어 더욱 성숙해진 불교 문학은 50년대에 이르러 미당 서정주의 시 〈국화 옆에서〉가 발표됨으로써 완숙을 자랑하게 되었다.

국화 옆에서

한 송이의 국화꽃을 피우기 위해
봄부터 소쩍새는 그렇게 울었나 보다.
한 송이의 국화꽃을 피우기 위해
천둥은 먹구름 속에서 또 그렇게 울었나 보다.
그립고 아쉬움에 가슴 조이던
머언 젊음의 뒤안길에서
인제는 돌아와 거울 앞에 선
내 누님같이 생긴 꽃이여
노오란 네 꽃잎이 피려고
간밤엔 무서리가 저리 내리고
내게는 잠도 오지 않았나 보다.

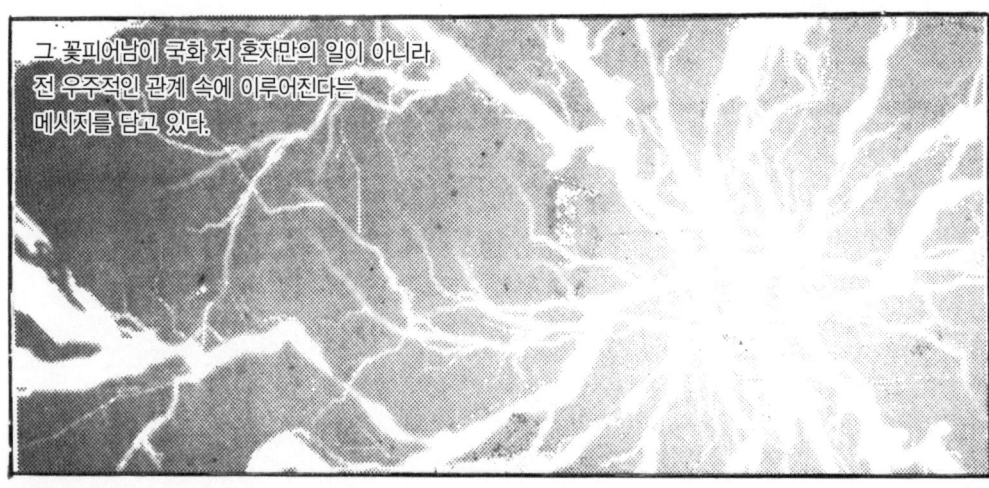

또 시인 자신으로서는 방황과 아픔과
서러움으로 점철된 저주받은
젊은 날들을 보내고 나서

저 미야파도 같은 봄을 지내어서
저 무자한 여름을 지내어서…

이제는 그윽하고 자신을 관조할 수 있는
나이에 이르러서

삼라만상이 서로 관계지어 존재한다는 이치가
국화 한 송이에서 발견되는 것이다.

국화야, 너의 개화가 어찌
너만의 일이겠느냐.

그리고 우리의 삶 또한
어찌 개개인만의
것이겠느냐.

이 같은 사물의 음미가 왜 불교적인 것인가 하면

거기에 불교의 근본 교리인 연기법이 담겨 있기 때문이죠.

연기법, 혹은 인연법이란 모든 사물이 서로 관계지어져 존재한다는 우주적인 대어법으로서, 부처님에 의해 선포된 영원한 진리이다.

이것이 있으면 저것이 있고
이것이 일어나면 저것이 생겨난다.
이것이 없으면 저것이 없고
이것이 무너지면 저것이 사라진다.

시인은 〈국화 옆에서〉에서 이 같은 연기법의 이치를 담으면서 작은 꽃 한 송이에 우주를 불러들이고

세상에서 일어나고 있는 범상한 일 하나까지도
나와 무관한 것은 있을 수 없다는 것을
보여 주기에 이른 것이다.

어디 〈국화 옆에서〉뿐이랴.
그 밖에도 수많은 시와 소설들이
불교의 영향 아래 씌어져 널리
읽혀 왔으니

이것은 한국인에게 불교의 뿌리가
그만큼 깊음을 의미한다 하겠다.

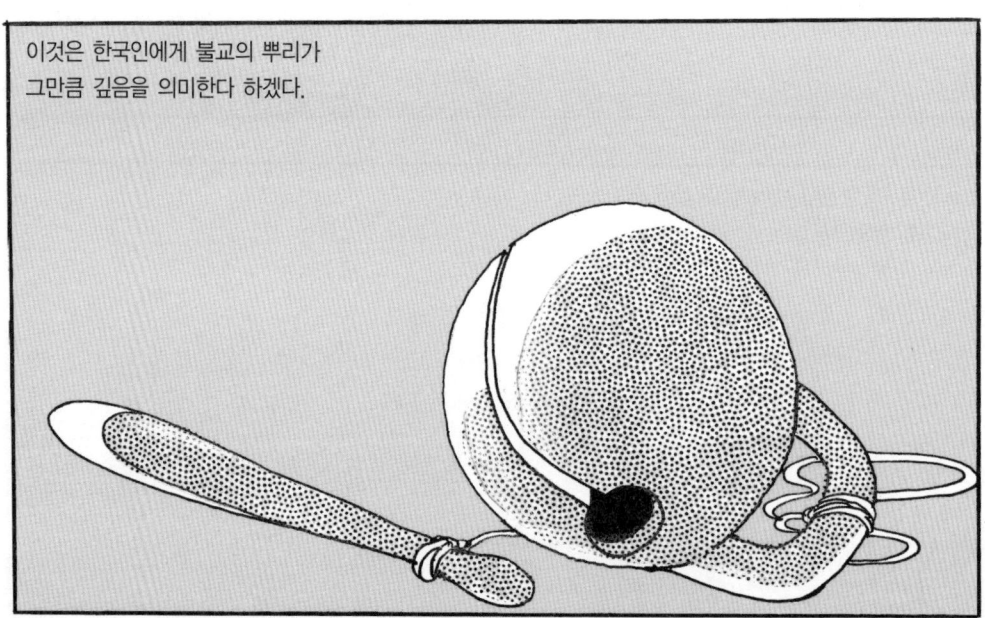

⑥ 이야기 속의 불교

인연 · 비유 · 본생

부처님의 수많은 가르침은 보통 열두 가지로 분류하는 것이 통례인데

이런 종류는 수다라(修多羅)라고 부릅시다.

이런 종류는 중송(重頌)이라 분류하지요.

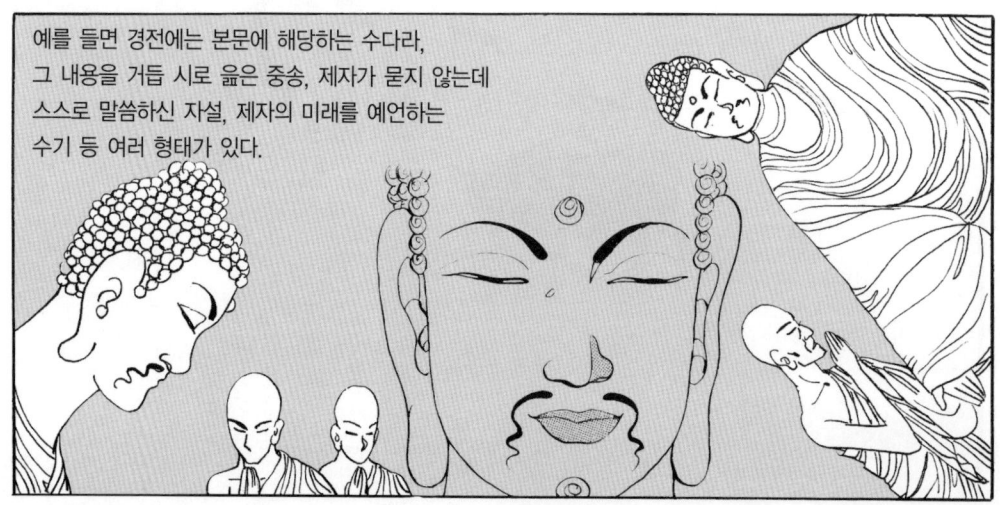

예를 들면 경전에는 본문에 해당하는 수다라, 그 내용을 거듭 시로 읊은 중송, 제자가 묻지 않는데 스스로 말씀하신 자설, 제자의 미래를 예언하는 수기 등 여러 형태가 있다.

이 때문에 12부경(十二部經)이라는 표현이 생겼다. 그중
6·7·8번째에 해당되는 경이 인연·비유·본생으로서

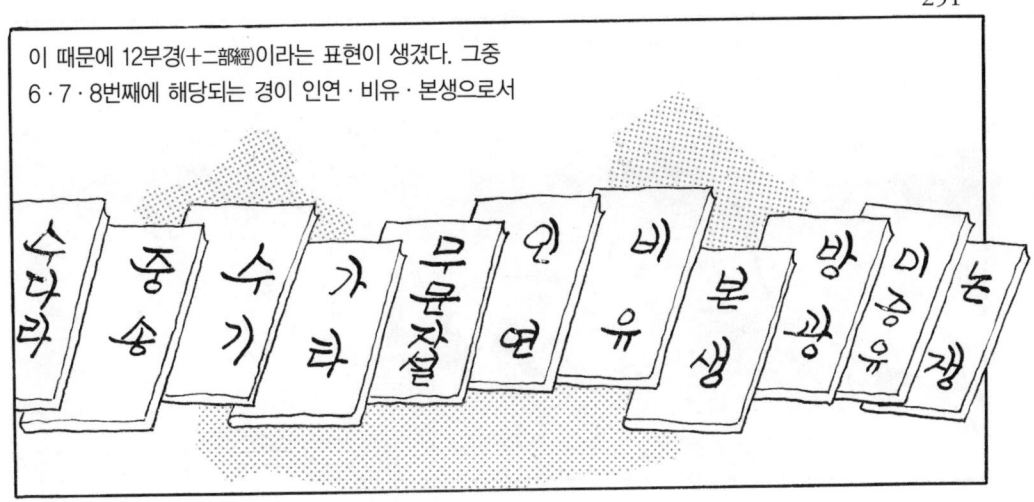

이 계통의 경전들은 수많은 설화와 비유를 담고 있는데 비구, 비구니 등
출가 제자보다는 주로 재가 신자들에게 호소하는 내용이기 때문에

경전 가운데 가장 문학성이 풍부하고
맛깔스러운 재미를 지니고 있는 경전군이다.

본생을 이해하기 위해서는 부처님의 전생 이야기를 해야만 한다. 부처님께서는 지금부터 2600여 년 전쯤 인도에서 싯다르타 태자로 태어나셨지만

그로부터 무려 수십억 년 전 수메다라는 이름의 브라만이었다.

그때 수메다는 큰 마음을 일으켜 장차 부처님이 되기로 결심하였는데

우물에 갇힌 나그네

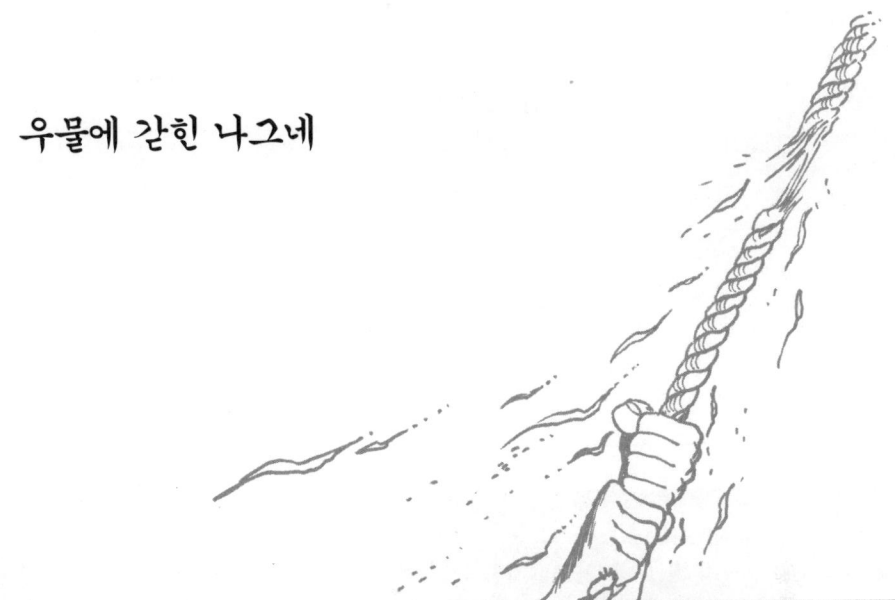

옛날 한 나그네가 거친 들판을 걷고 있었는데

갑자기 미친 코끼리 한 마리를 만나 공격을 받고 정신없이 도망치게 되었다.

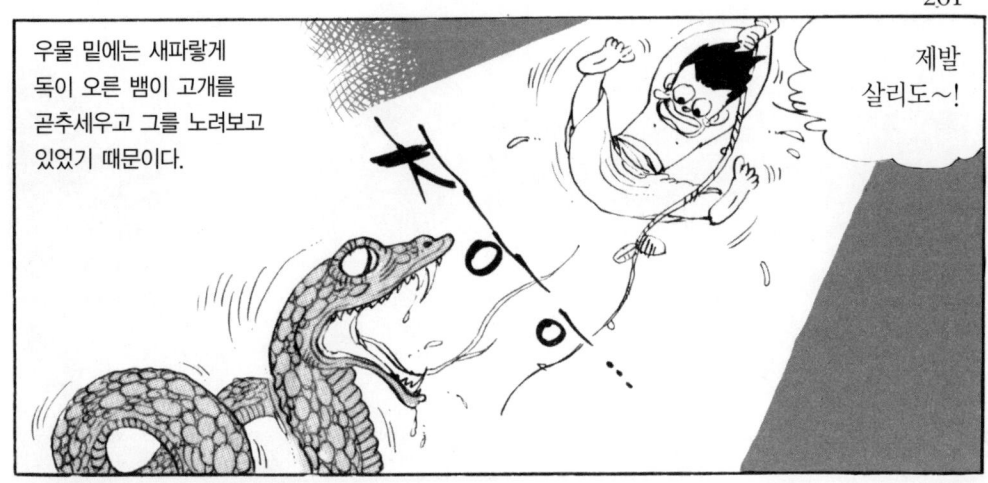

그 와중에도 위험을 잊은 채 몇 방울의
꿀맛을 탐닉하는 것이 바로 인간이다.

여기서 꿀은 쾌락을 상징하고 벌은 그 쾌락을
얻기 위해 치르는 대가를 상징하므로
이 이야기의 메시지는 너무도 분명하다 하겠다.

중생은 쾌락에 넋이 팔려 죽음과
번뇌가 닥쳐 오는 줄을 모른다.
삶은 짧은 것, 쾌락은 덧 없는 것.
중생들이여!
힘써 지혜를 계발하고, 선정을 닦고
행위를 맑혀 삼계의 고통으로부터
빨리 벗어나거라!
내가 보여 주는 길을 따라서!

원한으로는 원한을 풀 수 없나니

까마득한 옛날 장생이라는 태자를 둔 장수왕은
정의롭고도 자비로워 나라를 잘 다스렸으므로
풍요 속에 태평성대를 노래하고 있었는데

왕은 장생과 더불어 돌아간 뒤
장생에게 옛 나라를 돌려주고
자기 나라로 돌아갔다.

실로 원한으로는
원한을 풀 수 없는 것
오직 용서로만 그것을 풀 수 있나니
이것은 영원한 진리

법구경 제5번 게송

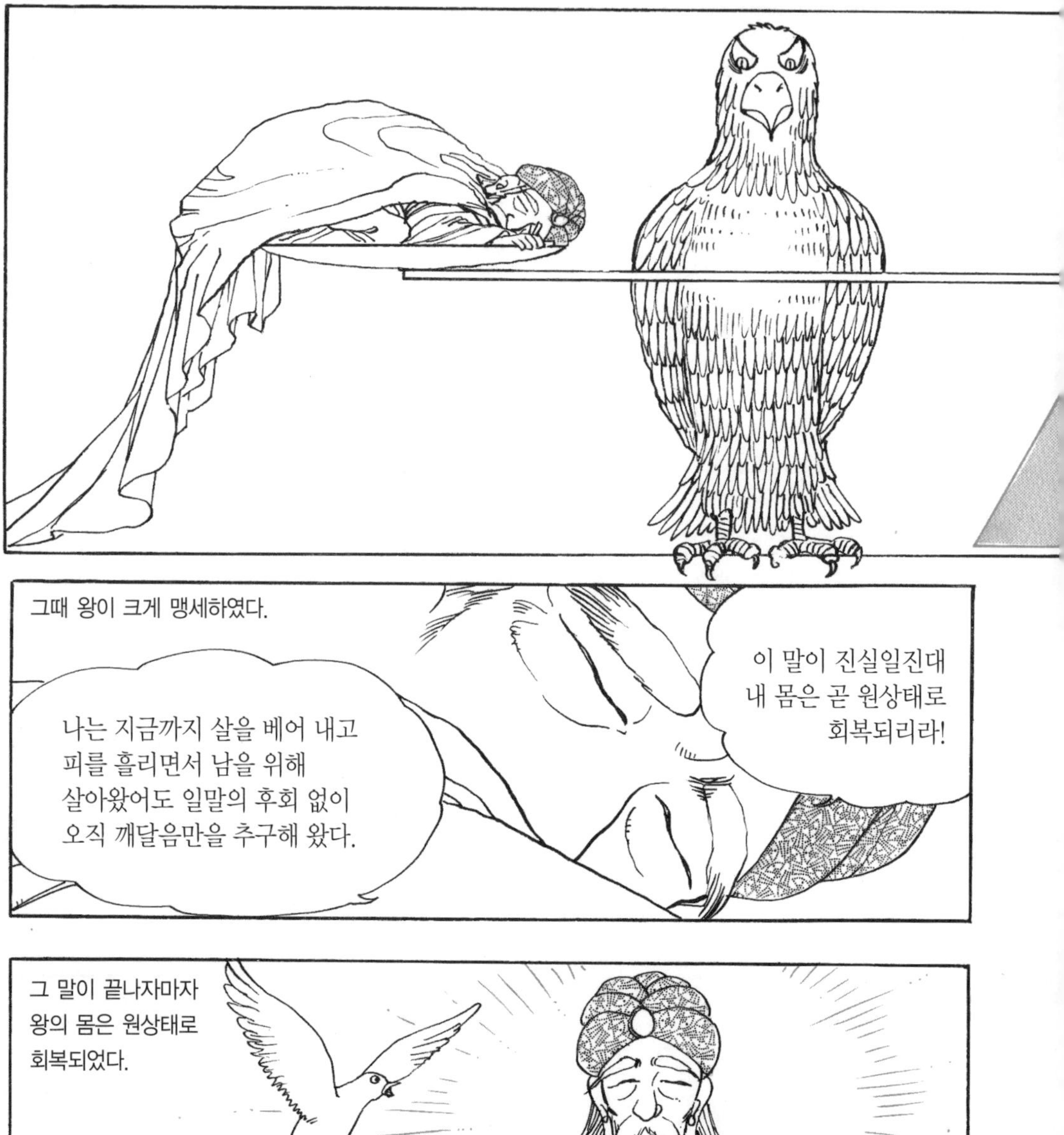

그때 왕이 크게 맹세하였다.

나는 지금까지 살을 베어 내고 피를 흘리면서 남을 위해 살아왔어도 일말의 후회 없이 오직 깨달음만을 추구해 왔다.

이 말이 진실일진대 내 몸은 곧 원상태로 회복되리라!

그 말이 끝나자마자 왕의 몸은 원상태로 회복되었다.

지금까지 우리는 우리나라 불교를 중심으로 불교 문화와 상식의 세계를 훑어보았습니다. 그러나 불교는 세계에 고루 퍼져 있기 때문에 우리나라 불교가 곧 불교 자체라고 생각하면 우물 안 개구리 식의 어리석음을 범하기 쉽죠. 따라서 이제는 세계 불교의 시야에서 한번 살펴보고 제5권을 끝내기로 하겠습니다.

세계 불교 산책

세계의 불교 분포

◆ 상좌부불교 : 전통적·보수적·원칙적 경향이 강한 비구 중심의 불교로서, 주로 남쪽 지방 국가에 퍼져 있으므로 남방불교라고도 부른다. 스리랑카, 미얀마, 태국, 라오스, 캄보디아 등

◆ 대승불교 : 서력 기원 전후에 흥기한 새로운 이념의 불교.
  ① 중국, 대만, 홍콩, 베트남, 한국, 일본, 말레이시아, 싱가포르 등지의 대승 불교 : 선(禪)과 정토(淨土 : 극락세계) 신앙이 혼재되어 있다.
  ② 네팔, 시킴, 부탄, 티베트, 몽골, 구소련 등지의 대승불교 : 속칭 라마교로서 신비주의적이고 주술적(呪術的)인 요소가 강하다.

◆ 현대에 이르러 영국, 미국, 독일, 프랑스, 네덜란드 등 서구와 심지어는 아프리카에까지도 불교 지역이 속속 생겨나고 있다.

불교도의 수

본래 종교인의 수는 산출하기 매우 어려워서 그 산출 기준에 따라 매우 다르게 나타나는 게 상례이다. 불교의 경우 1989년 영국 브리태니커 사전에는 3억 1천만 명 정도로 보았는데, 이는 세계 인구의 6.1%에 해당한다. 그러나 거기에 잠재적인 불교인, 예를 들면 중국인들 중 약간 명을 포함하기만 해도 불교인의 수는 9억3천만까지 되리라고 한다.

세계의 유명 사원과 탑들

산치 불탑

인도 · 스리랑카

◆ 죽림정사(竹林精舍) : 불교 최초의 사원. 지금은 빈터만 남았다. 이 책 제2장 참조.
◆ 기원정사(祈願精舍) : 죽림 정사와 함께 부처님 당시 가장 큰 규모의 사원이었다. 부처님의 생애 45안거 중 25안거를 이곳에서 보내신 유서 깊은 사원이지만, 지금은 터만 남아 있다.
◆ 산치불탑 : 중인도 마디아프라데시주에 속한 조그만 시골 산치에 있다. 유명한 아소카 왕에 의해 세워진 뒤 여러 차례 개조와 증축이 있었다.
◆ 부다가야대탑 : 부처님께서 깨달음을 성취하셨던 자리에 세워진 탑. 깨달음을 얻으신 자리(금강좌)도 잘 보존되어 있다.
◆ 아잔타석굴 사원 : 냇물을 낀 총 길이 5백 미터의 말굽 모양 석벽에 크고 작은 석굴 29개가 만들어져 있다. 석굴 속의 벽화는 예술적 가치가 높아서 세계 미술가들의 관심이 높다.
◆ 나란다 : 5세기에서 12세기까지 번영했던 불교대학의 터다. 남북 6백 미터, 동서 3백 미터의 큰 규모였는데 12세기 말에 이슬람교도에 의해 파괴되었다.
◆ 엘로라석굴 사원 : 힌두교와 불교의 합동 석굴 사원으로, 조각 작품의 예술성이 높기로 유명하다. 무려 2.5킬로미터나 되는 규모로 펼쳐져 있는데, 1백 년 이상의 공기(工期)를 거쳤고, 파낸 돌의 무게만 해도 20만 톤은 될 거라는 어마어마한 석굴이다. 이상은 인도의 사원들이다.
◆ 불치사(佛齒寺) : 스리랑카에 있는 사원으로, 글자 그대로 부처님의 치아 사리가 모셔져 있다. 매년 축제가 열리는 유서 깊은 사원.

스와얌부나트 사원

동남아시아

◆ 스와얌부나트 사원 : 네팔에 있다. 지은 지 2천 년이 넘었다는 사원으로, 탑에 그려진 거대한 두 개의 눈 그림이 인상적이다.

◆ 쉐다곤탑 : 미얀마 양곤에 있다. 높이는 120미터에 이르는데, 윗부분의 대부분이 황금으로 되어 있고 안에는 석가모니불의 머리카락 이외에도 과거불인 구류손불의 물그릇과 가섭불의 법의, 구함모니불의 지팡이 등이 보존되어 있다고 한다.

◆ 파간의 탑군(塔群) : 미얀마 파간 지방의 밀림 속에는 수천 기의 장대한 탑들이 널려 있다.

◆ 보르부르드 사원 : 인도네시아에 있으며, 세계 최대의 불교 유적지이다. 세계 7대 불가사의로 꼽히는 이 사원은 언제, 누가, 어떻게 만들었지 알 수 없다. 한 변이 120미터쯤 되는 사각 위에 9층으로 탑을 쌓아 올리고 그 안에 불감(굴 모양으로 파고 부

왓 트라이미트

앙코르와트

처 님을 모신 곳)이 432곳. 부조(浮彫)가 1,300점이나 되는 거대한 규모이다.
◆ 앙코르와트 : 캄보디아에 있다. 동서 1백 미터, 남북 8백 미터의 면적에 피라미드 모양으로 탑을 세웠다.
◆ 왓 프라케오 : 태국의 왕실 사원. 본당에 녹색 옥돌로 조성된 높이 75센티미터, 폭 45센티미터 크기의 본존불상(에메랄드 불상)이 유명하다. 일명 에메랄드 사원.
◆ 왓 트라이미트 : 태국에 있으며, 높이 3미터, 무게 5.5톤이나 되는 금불상이 있기 때문에 흔히 금불사(金佛寺)라 부른다. 순도 60퍼센트인 이 불상은 세계 최대이자, 태국에서 가장 오래된 불상으로, 현 시가로 따지면 약 7백억 원이 된다고 한다.

중국·대만·홍콩

◆ 돈황 천불동(千佛洞) : 혜초 스님의 『왕오천축국전』이 발견되었던 돈황 지방에는 거대한 석굴이 있다.
◆ 운강(雲岡)석굴 : 1킬로미터의 바위에 21개의 대굴(大窟)과 20개의 중굴(中窟), 그리고 무수한 소굴(小窟)과 불감이 있다.
◆ 용문(龍門)석굴 : 지금까지 확인된 것만으로도 2,100개의 석굴과 10개의 불탑, 360개의 돌비석이 있고, 그 속에 조각된 불상 수만도 10만개가 넘는 거대한 규모이다. 그 중 큰 불상은 크기가 무려 3백 미터나 되고 작은 경우는 엄지손가락 크기밖에 되지 않는 불상도 있다.
◆ 소림사(少林寺) : 하남성 등봉현 숭산(嵩山)에 있다. 달마 대사가 9년간 좌선한 절로 유명하고, 중국 무술의 발원지로 추앙되고 있기도 하다.
◆ 불광사(佛光寺) : 대만 불광산에 있다. 1967년부터 불사가 시작된 근대의 대사원이다.
◆ 만불사(萬佛寺) : 홍콩에 있는데 1,200개의 불상이 안치되어 있으며, 구불구불한 돌계단 431개를 올라서 울창한 숲 속에 있는 사원이다.

부처님께 향을 공향하는 응향각(중국)